Adiós a los bancos

Miguel Ángel Fernández Ordóñez

Adiós a los bancos
Una visión distinta del dinero y la banca

taurus

Papel certificado por el Forest Stewardship Council®

Primera edición: febrero de 2020

© 2020, Miguel Ángel Fernández Ordóñez
© 2020, Penguin Random House Grupo Editorial, S. A. U.
Travessera de Gràcia, 47-49. 08021 Barcelona

Penguin Random House Grupo Editorial apoya la protección del *copyright*.
El *copyright* estimula la creatividad, defiende la diversidad en el ámbito de las ideas y el conocimiento,
promueve la libre expresión y favorece una cultura viva. Gracias por comprar una edición autorizada
de este libro y por respetar las leyes del *copyright* al no reproducir, escanear ni distribuir ninguna
parte de esta obra por ningún medio sin permiso. Al hacerlo está respaldando a los autores
y permitiendo que PRHGE continúe publicando libros para todos los lectores.
Diríjase a CEDRO (Centro Español de Derechos Reprográficos, http://www.cedro.org)
si necesita fotocopiar o escanear algún fragmento de esta obra.

Printed in Spain – Impreso en España

ISBN: 978-84-306-2326-6
Depósito legal: B-22.461-2019

Compuesto en Arca Edinet, S. L.
Impreso en Unigraf
Móstoles (Madrid)

TA 2 3 2 6 6

Penguin
Random House
Grupo Editorial

ÍNDICE

Introducción 13

1. Los problemas del dinero bancario 21
   Los daños de las crisis bancarias 24
   Qué hacen los bancos. 27
   Dinero frágil y dinero seguro 30
   Los dos significados de la invariabilidad
      del valor. 37
   Los bancos y el sistema financiero 40
   La creación del dinero 41
   El sector más protegido e intervenido 45
   Inventario de privilegios y protecciones 47
   La regulación prudencial:
      un intervencionismo casi soviético. 61
   Supervisores y bancos centrales:
      policías y ángeles 65
   Diagnóstico: ¿demasiado mercado
      o demasiado Estado? 67
2. Características de la reforma del dinero
   digital seguro y la liberalización de la banca. . . 75
   La seguridad del dinero es el elemento
      esencial de la reforma. 78

Características de un sistema
    de dinero seguro 81
Las funciones del Ente Emisor
    o Banco Central...................... 84
El tipo de interés del dinero.............. 89
Destino del dinero creado
    por el Ente Emisor 93
La separación del dinero del
    sistema financiero 95
La liberalización del mercado de préstamos
    y de los servicios de pagos 100
Breve historia de la idea del dinero
    público seguro 102
La regulación del nuevo sistema............ 108
3. Beneficios del dinero digital seguro 117
    Acabar con las crisis bancarias 120
    Romper el matrimonio dinero-deuda 127
    Una política monetaria más eficiente........ 131
    Efectos distributivos de las
        políticas monetarias 137
    Los ciudadanos obtienen los beneficios
        de la creación del dinero 138
    La separación del dinero de la política 140
    El poder económico está más distribuido..... 146
    Los beneficios para el euro
        y la Unión Europea 148
    Se mantienen los beneficios
        del sistema actual..................... 151
4. Beneficios de la liberalización de la banca 155
    ¿Por qué no se ha liberalizado todavía
        el sistema bancario?................... 158

La reforma estructural del sector bancario.... 162
Más competencia y más innovación......... 165
Menos subsidios 169
Objetivos sociales con mejores instrumentos.. 171
Menos opacidad....................... 173
Más diversidad, menos concentración 175
El mercado regula mejor que los reguladores.. 177
5. Dudas y críticas 181
Valoración, críticas y propaganda........... 184
¿Habrá suficiente crédito e inversión? 186
¿Quién hará la transformación de plazos? 192
¿Se dificultará la política monetaria? 195
¿La reforma supone una mayor
 estatalización?...................... 198
¿La reforma aumentará la inestabilidad
 de los bancos? 201
Engaños y fraudes: la protección
 de inversores y usuarios 204
¿Es Basilea III suficiente para evitar
 las crisis? 206
El dinero seguro no acabará
 con las crisis financieras................ 208
El mercado inventará sustitutos del CBDC
 y no habremos resuelto nada 213
¿Desaparecerán los bancos con la reforma? ... 215
Otras reformas radicales 217
Una reforma para todas las ideologías 222
El consejo de Hayek de respetar
 los órdenes espontáneos................. 224
El CBDC y el Estado de derecho 226
El diseño del CBDC: los detalles importan... 227

    El CBDC no es una panacea 230
    La importancia de la transición 232
6. El futuro del dinero y la banca 235
    Las dificultades de una reforma sencilla 238
    Una reforma en su infancia 247
    ¿Reforma o transformación? Qué debería
       y qué puede pasar 251
    Las nuevas tecnologías, el dinero y la banca . . . 255
    Elogio de las pequeñas reformas 259
    Una reflexión sobre libra, la moneda
       de Facebook 262
    Aprender del pasado: otras reformas
       económicas y políticas 266
    El futuro al revés: ¿volveríamos atrás?
       Una ficción 270

Anexos 293
    Anexo 1. Para entender a los supervisores
       y los banqueros centrales 294
    Anexo 2. Los nombres del dinero
       y de su reforma 296
Agradecimientos 303
Glosario 305
Referencias y bibliografía 309

Siempre que te encuentres del lado de la mayoría, es hora de hacer una pausa y reflexionar.

MARK TWAIN

La dificultad no radica en las nuevas ideas, sino en escapar de las antiguas, que se ramifican en cada rincón de nuestra mente.

J. M. KEYNES

Dios les permite a los hombres soñar cosas que son ciertas.

JORGE LUIS BORGES

INTRODUCCIÓN

El dinero existe desde que existen las sociedades humanas. Incluso se usaba en sociedades muy primitivas, porque es una de esas instituciones, como el derecho o el Estado, que distingue a nuestra especie y nos permite cooperar con nuestros semejantes de maneras que no han sido capaces de idear otros animales.

Pero el dinero ha adoptado formas muy distintas a lo largo de la historia. Al principio se utilizaron algunos objetos como huesos, pieles, conchas o piedras. Un paso adelante muy importante fue el uso de los metales como dinero, especialmente el oro y la plata; o la acuñación de monedas, otro invento que ha perdurado siglos.

Quizá el invento más singular consistió en empezar a usar como dinero los billetes o resguardos de los depósitos en los bancos privados. Entonces el dinero dejó de tener un valor real y se pasó a utilizar como dinero unas promesas de pago, unos activos financieros. Además, los depósitos ya no eran un dinero *físico*, algo que se podía ver y tocar, sino un dinero *virtual*,[1] unas anotaciones en los libros de los banqueros. Surgió entonces el

---

[1] Hoy esas anotaciones son registros en los ordenadores de los bancos, por lo que hablamos de dinero *digital*.

dinero de los bancos privados, que es el que todavía utilizamos hoy.

El dinero de los bancos privados ha tenido efectos muy positivos sobre las economías. Impulsó la globalización del comercio al permitir realizar pagos a distancia con mayor facilidad, y en la medida en que los bancos financiaron proyectos de inversión, fue un instrumento capital para el desarrollo económico.

Pero ahora la utilización de los depósitos en los bancos comerciales causa muchos daños. El dinero depositado en los bancos privados siempre ha sido frágil. Las bancarrotas fueron un fenómeno recurrente desde que se crearon los primeros bancos. Pero hasta finales del siglo XIX sus daños eran limitados. Desde entonces la economía ha cambiado mucho y las crisis bancarias ya no son problemas que afecten solo a los dueños de las entidades y sus depositantes, sino que arrasan países enteros e incluso pueden llegar a destrozar la economía mundial, como ha sucedido dos veces en menos de un siglo.

Uno de estos cambios ha sido el descenso continuado del uso del dinero físico —monedas y billetes— y el incremento de los depósitos en bancos privados. Esto ha supuesto un descenso del dinero público y un aumento del dinero digital privado.

Desde finales del siglo XIX, y después de cada crisis, se ha intentado resolver el problema de la fragilidad del dinero bancario aumentando cada vez más la protección del Estado a los bancos para que los depositantes no pierdan la confianza en ellos; asimismo se han aprobado unas regulaciones, cada vez más voluminosas y complejas, con el fin de reducir la factura de los contribuyentes cuando los bancos no pueden reembolsar sus promesas de pago, los depósitos de sus clientes.

La visión que defiende el aumento de la protección y la regulación de los bancos para resolver los problemas del sistema bancario es la que ha guiado también los cambios regulatorios e institucionales que se aprobaron después de la gran crisis de 2008. Podemos denominarla «visión convencional» porque fue —y continúa siendo— la doctrina o teoría compartida por la mayoría de los economistas y funcionarios.

Paralelamente, surgió otro grupo de analistas y estudiosos que tenían un planteamiento muy distinto del de la mayoría de los economistas. Su idea era que los problemas del dinero y de la banca no se resolverían nunca cambiando solo las *políticas* —más protección y más regulaciones—, sino que era necesario cambiar de *sistema*.

La visión convencional de cómo deben resolverse los problemas del dinero y de la banca es de sobra conocida. Desde el estallido de la gran crisis bancaria internacional se han publicado centenares de libros sobre el dinero y la banca y numerosos informes de organismos internacionales con esa perspectiva, que justifica reformas tales como los acuerdos de Basilea III, las leyes Dodd-Frank o las directivas de capital de la Unión Europea.

En cambio, es muy poco conocida la visión de aquellos estudiosos que consideran que los daños del sistema actual no podrán evitarse mientras sigamos usando como dinero los depósitos bancarios, porque ese dinero es frágil, y tal fragilidad es la fuente todos los problemas. Ellos defienden que la solución pasa por utilizar un dinero seguro, emitido por los bancos centrales.[2]

Durante los últimos cinco años he leído esos trabajos y me asombra la poca difusión que tiene esta visión. Incluso muchos economistas la desconocen. Eso me ha animado a presentar estas ideas, distintas de las que profesa la mayoría, en un libro de divulgación.

Estos autores también desmontan la creencia de que los bancos son solo intermediarios entre ahorradores e inversores. Se trata de una idea muy generalizada, pero errónea, ya que son los bancos privados los que crean el dinero y no el Banco Central. Y esto explica la facilidad con que surgen las burbujas de crédito y la dificultad de la política monetaria para salir de las recesiones.

Otra idea interesante y distinta de la visión convencional es la de que las numerosas protecciones y regulaciones bancarias, imprescindibles para evitar las crisis de los bancos privados, serían innecesarias si el dinero fuera creado por el Estado. Si el dinero fuera público y seguro, el Estado no tendría que seguir protegiendo a los bancos privados. En contra de lo que se ha hecho hasta ahora, se podría liberalizar el mercado de préstamos y los servicios de pago.

Hasta hace poco, la idea de contar con un dinero digital seguro era la propuesta de unos pocos estudiosos y activistas y, como se ha dicho, era prácticamente ignora-

---

[2] Las denominaciones de estas reformas son muy variadas, como se explica en el anexo titulado «Los nombres del dinero y su reforma». En inglés la expresión más utilizada es las siglas CBDC (*central bank digital currency*). A lo largo del libro se utilizan distintas expresiones como «dinero público», «dinero digital seguro», CBDC, etcétera. según se quiera subrayar alguna de sus características.

da por la mayoría de los académicos y de las autoridades financieras. Pero en los últimos tiempos estas ideas han empezado a estudiarse en las universidades y en los bancos centrales, incluso en algunos países ya se plantean en los debates públicos. En China, el Consejo del Estado acaba de autorizar al Banco Central a emitir dinero digital público.

El cambio tecnológico, la explosión digital, explica por qué estas nuevas ideas han resurgido con fuerza ahora. En efecto, esas reformas habrían necesitado ingentes recursos humanos si se hubiera decidido implantarlas en el pasado analógico. Sin embargo, las nuevas tecnologías hacen muy fácil que ahora sea el Ente Emisor el que emita el dinero digital público de la misma forma que en el pasado fue fácil conseguir que el Banco Central fuera el único que emitiera todo el dinero físico que hoy usamos, esto es, el dinero en billetes.

Un problema a la hora de presentar esta visión distinta de la convencional es que no existe *un* texto que se ocupe de *la* reforma del dinero para hacerlo más seguro. Las ideas para reformar el sistema monetario y bancario se encuentran dispersas en muchos textos de diferentes autores, reseñados en el apartado de «Referencias y bibliografía». Sin embargo, aunque sean de distintos autores y tengan características heterogéneas, estas ideas tienen muchos rasgos en común, por lo que se pueden presentar sus nociones esenciales de forma conjunta.

La mayor parte de este libro se dedica a comparar el sistema monetario y bancario actual con el que sería un sistema de dinero seguro en su fase estable. Se comparan los problemas, los costes, los beneficios y los riesgos de ambos en lo que podría considerarse su funcionamiento normal, porque esa valoración es la que debe aconsejar —o no— cambiar de sistema. Solo al final del libro se reflexiona sobre cómo pasar del sistema actual al nuevo.

Valorar las ventajas y desventajas de los dos sistemas antes de estudiar la transición de uno a otro es la forma habitual de comparar dos modelos económicos. Así se hizo, por ejemplo, al comparar los sistemas de producción y distribución comunistas con los modelos de economía de mercado. La comparación de los dos sistemas permitió concluir que los de economía de mercado eran mejores para el crecimiento y el bienestar que los comunistas. Esta comparación sirvió para abandonar el sistema soviético de producción y distribución, independientemente de que después haya habido ejemplos de transición mejores y peores.

Este libro está escrito para que lo entiendan los no economistas. Se trata de una obra de divulgación. Las pocas expresiones que se apartan del lenguaje común tienen su explicación en un breve «Glosario». Intenta ser accesible a todos aquellos que consideran que las crisis bancarias tienen unos costes económicos sociales y políticos que solo pueden calificarse de catastróficos y quieran saber si existe alguna posibilidad de que la humanidad deje de sufrir tales plagas.

Asimismo, puede interesar a los escépticos acerca de las opciones reales de acabar con el sistema actual de creación del dinero por empresas privadas. Los pesimistas no perderán el tiempo leyendo los análisis de los partidarios del dinero público y seguro porque, al observar la realidad desde una perspectiva distinta de la habitual, se entiende mejor cómo funciona el sistema vigente. O, mejor dicho, cómo no funciona, ya que gracias a esta visión alternativa se entienden mejor sus problemas.

El libro está dividido en numerosos apartados, de modo que el lector con poco tiempo puede leer solamente los que le interesen y en el orden que prefiera. La desventaja la apreciará el lector más tradicional y concienzudo porque verá repetidos algunos argumentos e información. En ese sentido, para facilitar la lectura, los apartados se han agrupado en seis capítulos y dos anexos.

El capítulo 1 describe los problemas que presentan los depósitos en los bancos privados que hoy utilizamos como dinero. El capítulo 2 muestra los elementos esenciales de una reforma que evitaría los problemas del sistema actual. El capítulo 3 detalla los beneficios de utilizar un dinero digital seguro y de liberalizar el sistema bancario. En el capítulo 4 se comentan las dudas y críticas que suscitan estas reformas. Por su parte, el capítulo 5 expone las dificultades de aplicar las reformas. Finalmente, el capítulo 6 presenta algunas reflexiones sobre el futuro del dinero y de la banca.

El futuro es impredecible pero la magnitud de los problemas del sistema actual, junto a las posibilidades que proporcionan las nuevas tecnologías, ha abierto el debate sobre el dinero y la banca. Es probable que el CBDC, el dinero digital emitido por los bancos centrales que se describe en este libro, acabe siendo uno de los ingredientes del nuevo sistema. Así pues, el lector tendrá la posibilidad de enterarse de sus fundamentos, distintos de los que defiende la mayoría.

Horche, verano de 2019

1

Los problemas del dinero bancario

De todas las formas de organizar la banca, la peor es la que tenemos hoy.

MERVYN KING,
gobernador del Banco de Inglaterra, 2010

Está bien que la gente no entienda nuestro sistema bancario y monetario, porque si lo hicieran, creo que habría una revolución antes de mañana por la mañana.

Atribuida a HENRY FORD

La esencia del sistema monetario contemporáneo es la creación de dinero de la nada por parte de los bancos cuando prestan a lo loco.

MARTIN WOLF,
Financial Times, 2010

RAZÓN DEL CAPÍTULO SOBRE LOS PROBLEMAS
DEL DINERO Y LA BANCA

En este capítulo describimos los problemas del sistema actual desde la perspectiva de los partidarios de reformarlo para conseguir un sistema de dinero público y seguro.

Es necesario exponer los problemas actuales del dinero y de la banca porque, aunque la opinión pública sabe que las crisis bancarias son muy nocivas, tiene una conciencia limitada de los daños que causan. La mayoría de las personas creen que dichos daños son considerables, pero no se dan cuenta de que en realidad son catastróficos, que el destrozo que causan las crisis bancarias es más profundo y duradero que el que producen otras crisis económicas.

Pero sobre todo es necesario darse cuenta de que esos daños no son el problema, sino la consecuencia del principal problema del sistema actual: la fragilidad del dinero. De hecho, el origen de todos ellos es el tipo de dinero que utilizamos. Y entender que si no cambiamos ese dinero frágil por uno seguro, por mucha regulación que aprobemos, por muchos supervisores que se ocupen de su cumplimiento, seguiremos sufriendo crisis bancarias.

Este capítulo se ocupa de otro problema que apenas percibe la opinión pública: la falta de competencia en las actividades bancarias. Al no estar sometida al mercado, al estar protegida y fuertemente intervenida por el Estado, la banca tiene problemas muy graves de falta de adecuación a los deseos de los usuarios, y sobre todo de freno a la innovación, lo que perjudica el crecimiento económico y el bienestar de todos.

Además, este capítulo explica con detalle cómo la fuente principal de los problemas del sistema actual es que los que crean el dinero son los bancos privados y no los bancos centrales; también especifica el cúmulo de protecciones e intervenciones del Estado que impiden la competencia y la innovación en las actividades bancarias.

LOS DAÑOS DE LAS CRISIS BANCARIAS

La opinión pública solo se da cuenta de una parte muy pequeña del coste total de las crisis bancarias. En casi todos los países la ciudadanía está indignada porque sus gobiernos han tenido que inyectar centenares de miles de millones de euros para salvar a los bancos, con el riesgo de no recuperarlos. Sin embargo, esas cifras enormes no dan una idea del coste total que han pagado los ciudadanos de todo el mundo por la última crisis bancaria.

Los mayores costes de las crisis bancarias no son los recursos *presupuestarios* que se han empleado en salvar a los bancos, sino los daños *macroeconómicos* que ocasionan. Los costes de pérdida del PIB, del aumento del desempleo, de la destrucción de empresas, etcétera, son inmensos. Tales costes son la consecuencia del pinchazo de las burbujas de crédito y endeudamiento que genera un sistema monetario como el actual.

El desplome macroeconómico que se produce con las crisis bancarias tiene unos efectos presupuestarios (reducción de ingresos y aumento del gasto público) muy negativos que desencadenan el crecimiento de la deuda pública, muchas veces superior al dinero utilizado en salvar a los bancos. Los gigantescos incrementos en la deuda pública que se han producido en muchos países dan una idea más precisa de cuál ha sido el coste total de la crisis causada por la expansión exagerada del crédito bancario.

Este es uno de los graves problemas del sistema bancario actual: generar un endeudamiento excesivo del sector privado en su primera fase, lo que solemos denominar «burbuja». En la segunda fase, la del estallido de la crisis bancaria y la de la recesión y la posterior recuperación, se produce un inevitable traslado de la deuda del sector privado al público. Inevitable porque es la forma en que se puede recuperar la economía, ya que, si no se hiciera así, las familias y las empresas no dedicarían sus ingresos a consumir o a invertir, sino a amortizar los préstamos, lo que deprimiría el gasto e impediría la recuperación.

Otro de los efectos más catastróficos de las crisis bancarias es el aumento espectacular del desempleo y de su duración. Algunos países han necesitado una década para volver a tener el mismo número de empleos que había en 2008, cuando quebró Lehman Brothers. No solo ha habido una enorme destrucción de puestos de trabajo en términos cuantitativos, sino que se ha perdido mucho tiempo para volver al mismo sitio.

Todos estos daños son incomparablemente mayores que los que crean las crisis económicas no financieras o las crisis financieras no bancarias. Las crisis exclusivamente económicas, como, por ejemplo, las que se producen después de periodos inflacionarios con pérdidas de competitividad y problemas de balanza de pagos, en el caso de que no vengan acompañadas de crisis bancarias, tienen menores efectos recesivos. Asimismo, la recuperación de estas crisis económicas no financieras es más rápida si no han fallado los bancos. El problema de mantener un sistema bancario frágil como el actual es que resulta muy difícil que haya crisis económicas que no tengan impacto en los bancos. Y cuando las crisis que en principio no son financieras llegan a afectar a los bancos, entonces tienen los mismos efectos negativos de las crisis bancarias, que son mayores y más duraderos que los de las crisis económicas puras.

Del mismo modo, los daños de las crisis bancarias son mayores que los que causan las crisis de entidades financieras no bancarias. Las crisis de estas entidades financieras tienen efectos directos muy negativos en los que compraron acciones o bonos o fondos de inversión y sus cotizaciones se hundieron, o en los que invirtieron en los *hedge funds* que entraron en crisis o quebraron. Esto es normal, porque es lógico que quienes arriesgan su dinero puedan perderlo. Pero los efectos de estas pérdidas sobre los demás ciudadanos que no participaron en sus compras o contratos son inapreciables. Las crisis financieras no bancarias pueden tener algún efecto indirecto en el conjunto de la economía como consecuencia de los cambios en la riqueza de algunos agentes, pero estos efectos macroeconómicos, si llegan a producirse, son siempre mínimos comparados con los efectos de las crisis bancarias.

Piénsese, por ejemplo, en la crisis de las bolsas de 1987, la de los fondos de inversión de renta fija de 1994 o la crisis de las *dotcom* (las empresas de internet) al comienzo de la década del 2000. Los efectos macroeconómicos sobre el PIB o el empleo de todas estas crisis fueron muy reducidos, por lo que ni siquiera se puede decir que causaron crisis económicas. Y desde luego no hubo que pedir dinero a los contribuyentes para ayudar a las entidades o los inversores que tuvieron pérdidas.

QUÉ HACEN LOS BANCOS

Para entender los problemas del dinero frágil del sistema actual es imprescindible saber cómo funcionan los bancos. ¿Por qué? Porque en el sistema actual los bancos privados son los que normalmente crean el 90 por ciento del dinero que utilizamos. De hecho, ahora no se puede hablar del dinero sin hablar de los bancos, ni es posible hablar de los bancos sin hablar del dinero, porque son los bancos los que registran y crean el dinero que usamos todos.

En el sistema financiero existen multitud de entidades que no son bancos, pero solo los bancos tienen una relación especial con el dinero. Las compañías de seguros, los fondos de inversión, los *hedge funds* o las bolsas también forman parte del sistema financiero, pero en este libro apenas hablaremos de ellos, no describiremos lo que hacen porque no es necesario para saber cómo funciona el dinero. Sin embargo, hay que entender bien lo que hacen los bancos, sobre todo porque es muy distinto de lo que la gente cree.

Para empezar, hay que saber que el dinero que usamos ahora tiene dos formas. Por un lado, está el dinero en efectivo, el de los billetes que imprime el Banco Central; por otro, están los depósitos en los bancos privados, que es el dinero más usado en nuestro sistema. El dinero-papel no llega a ser un 10 por ciento del dinero que utilizamos, mientras que los depósitos en los bancos, las cuentas corrientes, son el 90 por ciento del dinero que usamos.

Es interesante ver lo que los bancos dicen que hacen, porque es muy distinto de lo que en realidad hacen. Los bancos suelen decir que ellos son los *intermediarios* entre los ahorradores y los inversores; es decir, que, a través de los depósitos, ellos toman el dinero de los ciudadanos que pueden ahorrar y dan ese dinero, a través del crédito, a quienes lo necesitan para invertir en sus empresas o para comprarse una casa. De esta forma, los bancos se presentan como intermediarios entre ahorradores e inversores.

Y no solo los bancos se presentan a sí mismos como intermediarios, sino que la mayoría de la población cree que lo son. La mayoría de la ciudadanía piensa que los bancos centrales crean el dinero, que este dinero es colocado en los depósitos bancarios y que los bancos son meros intermediarios que utilizan el dinero de los depositantes para dar crédito a los inversores. Sin embargo, como han demostrado los estudiosos del dinero seguro, esto no es así. En el sistema actual los bancos privados, los bancos comerciales, no son simplemente intermediarios, también son los que *crean* el dinero que utilizamos.

En efecto, en el sistema actual los bancos privados no necesitan tomar dinero de los ahorradores para dar crédito. Los bancos pueden, sin más, sin que nadie lo haya depositado antes, crear ese dinero. De hecho, son los únicos agentes del sistema financiero que si necesitan dinero, no tienen que pedírselo a otros, sino que crean el dinero sin necesidad de pedirlo prestado. Cuando alguien les solicita un crédito ellos se lo conceden y anotan la cantidad prestada como una parte del activo de su balance y a la vez crean dinero en una cuenta corriente que ponen a disposición de los prestatarios y que anotan en el pasivo de su balance.

Además de tener un papel central en la provisión de dinero a la economía, los bancos realizan otras actividades financieras. Simplificando, los bancos privados actuales realizan tres actividades sin competencia o con poca competencia: 1) crean y mantienen el 90 por ciento del dinero digital; 2) son los principales proveedores de los servicios de pago, y 3) conceden préstamos a familias y empresas pequeñas y medianas.

La actividad 1 la realizan en régimen de absoluto monopolio, pues a ninguna otra entidad privada se le deja tomar depósitos ni crear dinero. En las actividades 2 y 3 han disfrutado de una situación de cuasi monopolio, aunque ahora, con el desarrollo de las nuevas tecnologías, están empezando a entrar algunos competidores no bancarios.

Como veremos, la reforma de dinero seguro propone que la actividad 1 se realice por un ente público y que las actividades 2 y 3 pasen a prestarse en total competencia, sin restringir la entrada de competidores.

DINERO FRÁGIL Y DINERO SEGURO

El origen de los problemas del sistema monetario actual es que los depósitos en los bancos privados, que utilizamos como si fuera dinero, son un dinero frágil. Es un dinero no seguro, y su valor puede variar. Una de las características más valiosas del dinero es que sea seguro, es decir, que no varíe su valor facial, su valor nominal. El problema es que los depósitos bancarios pueden variar de valor, no son seguros desde este punto de vista.

Podríamos decir que el problema del sistema actual es que usamos como dinero los depósitos bancarios privados que no son propiamente dinero, cuyo valor no varía, sino unos activos financieros con riesgo. Los llamamos «depósitos», como si nuestro dinero estuviera guardado o custodiado en el banco, pero en realidad no lo son, no son dinero custodiado, sino «promesas» de devolver dinero. Son activos con riesgo.

Normalmente, el valor de los activos financieros con riesgo aumenta con el tiempo. Las cantidades invertidas en activos financieros como las acciones o los bonos de una empresa aumentan, bien porque mejora la valoración de estos activos en el mercado, bien porque durante el tiempo que nuestro dinero ha estado invertido en estos activos financieros hemos cobrado dividendos o intereses. Este aumento del valor de los activos financieros es la razón por la cual los ahorradores invierten en acciones o en bonos. Invierten o prestan porque suponen que su valor aumentará. Lo hacen porque quieren tener más dinero del que disponían antes de la inversión.

Lo normal, pues, es que el valor de estos activos aumente con el paso del tiempo. Pero puede suceder que quienes pusieron sus ahorros en estos activos financieros pierdan dinero, que las acciones o bonos valgan menos cuando quieran convertirlos en dinero. Puede suceder que cuando vayan a recuperar lo invertido en unas acciones o vendan los bonos, se encuentren con que valen menos de lo que habían invertido en ellos.

Esto es lo que no sucede o, mejor dicho, no debería suceder, con el dinero. Si mantenemos nuestro dinero sin invertirlo en activos financieros siempre deberíamos recuperar la misma cantidad que teníamos antes. La razón por la cual podemos ganar —o perder— dinero cuando invertimos en activos financieros es que asumimos un riesgo. La inversión puede resultar bien o puede salir mal. Invertir o prestar tiene la ventaja de que puedo ganar dinero, pero también tiene la desventaja de que puedo perderlo.

Sin embargo, con el dinero deberíamos tener la tranquilidad de que no perderemos lo que poseemos, aunque también deberíamos aceptar que no podremos ganar más precisamente porque no lo hemos invertido.

En el sistema actual hay una parte del dinero que tiene esta característica de que su valor nominal —o facial— no varía: el dinero en billetes que imprimen los bancos centrales. Es el dinero público cuyo valor no cambia porque no es un activo financiero. En el caso de los billetes, si una persona tiene un billete de cincuenta euros (este es su valor facial) puede estar segura de que, dentro de un año, o de dos, o de diez años, ese billete seguirá valiendo cincuenta euros, o sea, mantendrá su valor facial, lo que dice que vale el billete.

Pero esta característica de mantener su valor no la tienen los depósitos en los bancos privados, que son los que forman el grueso del dinero que utilizamos; no mantiene su valor porque está invertido o prestado. Es un dinero que no está depositado ni custodiado, porque no está guardado. Los bancos obtienen sus beneficios precisamente por haberlo invertido en activos que les proporcionan una retribución superior a la que ellos pagan a los ahorradores por sus depósitos.

Lo normal es que el banco obtenga un buen rendimiento de su inversión y pueda devolver al depositante los cincuenta euros que tiene depositados sin problemas y además se quede con los beneficios de la inversión. Pero quizá no suceda así. Puede ocurrir que la inversión sea un fracaso y el banco no pueda devolverle los cincuenta euros que tiene depositados. Por eso decimos que este dinero no es seguro, es un dinero frágil. Lo frágil no siempre es lo que se rompe, sino lo que puede romperse con facilidad.

Sin embargo, la opinión pública no es consciente de esta fragilidad. A lo largo de la última crisis las inversiones de muchos bancos del mundo fracasaron y, en principio, los bancos no habrían podido devolver los depósitos. Pero prácticamente todos los clientes bancarios de todos los países vieron cómo los bancos les reembolsaban sus euros sin ninguna merma de valor. ¿Por qué?

Los depositantes no notan que su dinero es frágil porque, en el sistema actual, el Estado ayuda a los bancos, cuando estos no pueden devolver lo depositado para que los depositantes reciban el dinero que habían depositado. Pero esto no fue siempre así. Antiguamente, los depositantes notaban que el dinero era frágil porque lo perdían cuando los bancos no podían devolverlo.

Hasta el siglo XIX, los bancos quebraban cuando no podían devolver el dinero. Era tan normal que los bancos quebraran que la palabra «bancarrota» se utilizó como sinónimo de quiebra de cualquier empresa. Pero a partir de entonces los estados idearon numerosos instrumentos para que no quebraran los bancos que no podían devolver el dinero y así los depositantes no sufrieran y no colapsara el sistema de dinero creado por los bancos privados.

En el pasado, las crisis bancarias eran las quiebras de los bancos. Hoy las crisis bancarias son distintas, tienen dos componentes. Por un lado, igual que sucedía en el pasado, y dado que el dinero bancario sigue siendo frágil, se plantea el problema de que los bancos no pueden devolver el dinero. Pero la diferencia es que en la actualidad el Estado no deja que los bancos quiebren. Ahora el protagonismo de las crisis bancarias no es la quiebra de los bancos, sino las actuaciones de los estados para que los bancos de sus países no quiebren.

Las formas que utiliza el Estado para asegurar a los bancos que ese dinero frágil sea percibido como un dinero seguro por los ciudadanos son numerosas y diversas.

Los depósitos no son un dinero seguro, pero podríamos decir que son un «dinero asegurado». Es un dinero frágil, no es seguro, como tampoco lo era en el pasado, pero ahora está asegurado por el Estado.

El Estado asegura el dinero de los bancos privados con el objetivo de que los ciudadanos no teman utilizar ese dinero frágil, y para ello emplea diversas herramientas. Esto se ve bien al examinar las posibilidades de que un banco no pueda devolver el dinero y por tanto necesite la ayuda del Estado para hacerlo.

Ya hemos visto que una de las razones de que los bancos no puedan devolver el dinero es porque los préstamos que concedieron han fracasado. Pero también puede suceder que, a pesar de que las inversiones o préstamos hayan funcionado bien, el banco no pudiera devolver el dinero.

Esto se debe a que el banco suele ganar dinero cuando lo toma prestado a corto plazo y lo presta a largo plazo. Por un lado, paga un interés muy bajo y, por otro, invierte o presta a largo plazo, con lo que obtiene un beneficio por la diferencia. Pero podría darse el caso en que, a pesar de que sus inversiones no fracasen, el banco no pueda reembolsar el dinero depositado porque haya comprometido su dinero en préstamos o inversiones a plazos muy largos y perderían su valor si el banco quisiera liquidarlas rápidamente. Esta es otra razón de que el dinero creado por los bancos comerciales sea muy frágil y necesite una ayuda del Estado para que los depositantes perciban como seguro un dinero que no lo es.

Quizá por eso es redundante llamar «dinero seguro» al que emiten los bancos centrales; tal vez habría que llamarlo solo «dinero», sin adjetivos, y en cambio dejar de llamar «dinero» al que crean los bancos privados, porque esos depósitos no son propiamente dinero, sino unos activos financieros frágiles que, dado que hasta ahora no había otra alternativa mejor, han sido «usados como dinero».

Los bancos privados ponen en riesgo el dinero depositado. De hecho, asumen tres tipos de riesgos, que podrían causar que no pudieran devolver el dinero depositado cuando los depositantes se lo pidieran. En la jerga financiera se dice que corren con *riesgos de crédito*, es decir, el riesgo de que los prestatarios no les devuelvan parte o la totalidad de lo que los bancos les prestaron. Corren también con *riesgos de mercado*, que es el riesgo de que la cotización de los valores en los que haya invertido el banco sea inferior al valor de compra.

Pero además de estos riesgos que asume cualquier inversor, los bancos suelen correr un *riesgo de liquidez*. En este caso el riesgo consiste en que, aunque no hayan fracasado las inversiones que haya realizado, el banco no puede recuperar su valor antes de su vencimiento. Otras entidades financieras pueden tener también problemas coyunturales de liquidez, pero en el caso de los bancos son estructurales y consustanciales a cómo practican la actividad bancaria.

Los bancos pueden tener crisis de solvencia, que son las crisis derivadas de que el dinero que se suponía que estaba depositado en realidad esté invertido; si esas inversiones fracasan, el banco no podrá devolver el dinero depositado, debido a que no dispone de capital suficiente. Pero las crisis más comunes en los bancos son de liquidez. Los bancos se comprometen a devolver el dinero en muy corto plazo y, sin embargo, ese dinero lo invierten en plazos largos. La inconsistencia entre los plazos a los que invierte y los plazos a los que debe devolver el dinero es consustancial al negocio bancario. Mervyn King, que fue gobernador del Banco de Inglaterra, se refería a esta inconsistencia como la «alquimia de los bancos». Cuando dejó su cargo, escribió un libro titulado *El fin de la alquimia*.

Esta fragilidad del dinero, este riesgo de encontrarse con que el banco no puede reembolsarles el dinero de sus depósitos lo sufrían los depositantes en el siglo XIX, y por ello los ciudadanos se preocupaban de depositar su dinero en los bancos más seguros, los que tuvieran más capital. Sin embargo, ahora ese riesgo de perder el dinero no es percibido porque desde la Gran Depresión todos los países han implantado sistemas de garantía o aseguramiento de depósitos.

Pero incluso hoy día, a pesar de que los depósitos están asegurados, cuando los depositantes sospechan que un banco tiene problemas de liquidez, retiran el dinero de sus cuentas y lo pasan a otros bancos o lo convierten en efectivo, con lo que los problemas de liquidez se acentúan. Por ello, y para evitar este problema mientras se siga utilizando como dinero los depósitos en bancos privados, se han ideado otras protecciones del Estado para ayudar a los bancos a sortear sus problemas de liquidez.

Con el fin de evitar los problemas de liquidez, el Estado ayuda a los bancos por dos vías. Por un lado, en condiciones normales proporciona liquidez continuamente a los bancos en plazos, cantidades y costes determinados. Y en momentos de incertidumbre en que los bancos pueden tener demandas de liquidez muy fuertes, el Estado les proporciona toda la que quieran para sortear este problema.

Como veremos más adelante, cuando analicemos las protecciones, privilegios y subsidios que conceden a los bancos, además de los seguros de depósitos y ayudas a la liquidez, los estados han inventado más instrumentos con objeto de evitar la fragilidad del dinero bancario. Se podría pensar que son regulaciones para ayudar a los bancos, y en parte es verdad, pero su justificación es evitar que el dinero sea inseguro.

Son protecciones de los bancos, pero es lógico que así sea, porque en el sistema actual el dinero no lo produce el Estado, sino los bancos, y la única forma de proteger el dinero es salvaguardar a estos últimos. Por la misma razón, cualquier reforma del sistema monetario actual requiere una reforma de la regulación bancaria.

LOS DOS SIGNIFICADOS DE LA INVARIABILIDAD
DEL VALOR

Quiero advertir al lector de la importancia de distinguir entre la fragilidad del dinero bancario, es decir, que el dinero pierda su valor «facial», y otro problema: el de la pérdida de valor del poder de compra del dinero debido a la inflación. Los dos problemas son importantes, pero distintos. La pérdida de valor del poder de compra se plantea en cualquier sistema monetario y se intenta resolver mediante una política monetaria adecuada (ya sea con patrones de valores de mercancías como el del oro, de reglas fijas sobre el aumento de la cantidad de dinero o de políticas monetarias más discrecionales en manos de entes autónomos o independientes).

La necesidad de evitar la inflación se plantea tanto en el sistema actual de dinero bancario frágil como en un hipotético sistema de dinero público y seguro. Es el reto de la política monetaria. Sin embargo, el problema de la fragilidad, el de la posible pérdida de valor «facial», solo se plantea en los depósitos en los bancos privados y no en el dinero público, ya sea en forma de billetes o en los depósitos en el Banco Central. Y por eso lo llamamos dinero seguro.

El dinero suele caracterizarse por ser una unidad de cuenta, un medio de cambio y una reserva de valor. Pero hay que señalar que esta última característica, la de conservar el valor, tiene dos significados distintos. Por un lado, el de mantener el valor de compra medido por los precios de otros bienes, como puede ser el índice de precios al consumo (IPC). Por otro, el de que el dinero debe mantener su propio valor, no debe variar su valor «facial» o, como también se dice, se debe reembolsar «a la par».

El dinero es útil como depósito de valor cuando no hay inflación o, al menos, cuando la inflación es muy moderada. Esto significa que un depósito de, digamos, mil euros, debe tener siempre el mismo valor de compra de otros productos. Sin embargo, cuando hay inflación puede suceder que ya no se pueda comprar la misma cantidad de productos que se adquirían antes con mil euros, sino que solo se pueda comprar lo que antes valía, digamos, novecientos euros.

Pero el problema de los depósitos bancarios es que pueden perder su valor sin necesidad de que haya inflación, o sea, pueden perder su valor «facial». ¿Qué significa esto? Pues que, como sucede con otros activos financieros, pierdan valor porque no se devuelve el valor que dicen tener en su «cara», en su faz.

Un billete de cincuenta euros vale siempre cincuenta euros. Es emitido por el Estado, es un dinero seguro y no cambia de valor. Si tenemos un depósito en el Banco Central de cincuenta euros siempre tendremos cincuenta euros. Pero un depósito de cincuenta euros en un banco privado podría variar su valor facial en el caso de que este no pueda devolver los cincuenta euros. Si sus inversiones han salido mal solo podría devolver, por ejemplo, treinta euros.

Por ello, como se ha explicado, si utilizáramos el dinero bancario sin ninguna protección del Estado, no sería un buen depósito de valor. Y para que esto no suceda, para que los depósitos en los bancos privados no pierdan su valor «facial», el Estado colma de protecciones y privilegios al dinero bancario privado que, aunque no es dinero, porque no cumple la función de mantener su valor, gracias a esas protecciones estatales, se consigue que sea percibido por los ciudadanos como si fuera dinero.

Esta sería la ventaja de que los ciudadanos pudieran usar como dinero los depósitos en los bancos centrales en vez de los depósitos en los bancos privados. La fragilidad del dinero desaparecería si quien crease el dinero fuera el Ente Emisor, porque siempre podría reembolsar el dinero depositado, ya que él no necesita invertirlo. Entonces el dinero sería seguro, no sería un activo financiero con riesgo, con lo cual ya no podría ser fuente de crisis bancarias.

LOS BANCOS Y EL SISTEMA FINANCIERO

La mayoría de la gente tiene una idea correcta de qué es el sistema financiero. Es un sector en el que hay numerosas instituciones como los bancos, los *hedge funds*, las gestoras de patrimonios, las compañías de seguros, etcétera, y también numerosas clases de contratos y productos como los préstamos, los seguros, los derivados, los fondos de inversión, las acciones de empresas cotizadas, etcétera. Pero casi nadie sabe que el sistema financiero está compuesto por dos grupos muy distintos de instituciones, radicalmente diferentes. Por una parte, están los bancos; por otra, el resto de las instituciones financieras.

La primera diferencia entre los bancos y el resto de las instituciones financieras es que los primeros son las únicas entidades que pueden crear dinero. Ninguna otra institución del sistema financiero, ni las empresas que emiten acciones, ni las que ofrecen bonos, ni los *hedge funds*, ni los fondos de inversión, ni los fondos de pensiones, ni las aseguradoras pueden crear dinero. Estas entidades no bancarias llegan a acuerdos del tipo de «tú me pagas una prima y yo te aseguro un riesgo». O «yo te presto una cantidad de dinero y establecemos en el contrato el momento en que me lo devuelves o qué retribución me entregas mensual o anualmente por el dinero que te he prestado». O «te doy la opción de comprar dentro de un año una cantidad de trigo o de petróleo a un precio determinado», etcétera.

Sin embargo, ninguna de las entidades financieras que intervienen en esos contratos puede crear dinero, salvo que sean bancos. Este es un privilegio exclusivo suyo. El Estado solo autoriza a crear dinero a las entidades que obtienen una licencia bancaria.

La segunda característica que diferencia a los bancos del resto del sistema financiero es que todas las instituciones y entidades que no son bancos operan en un sistema de competencia sin ninguna protección especial del Estado y sin que este les diga cómo tienen que operar. Son muchas las regulaciones a las que están sometidas las demás entidades financieras como, por ejemplo, las que regulan el funcionamiento de los mercados, las que obligan a informar sobre sus actividades, las que protegen a consumidores o inversores o las que evitan el blanqueo de capitales, pero no tienen regulaciones que les digan cómo tienen que operar. Los bancos sí las tienen.

En los siguientes apartados analizaremos estas dos características de los bancos que los diferencia del resto de las entidades del sistema financiero: pueden crear dinero y están sometidos a una regulación muy protectora y fuertemente intervencionista por parte del Estado.

LA CREACIÓN DEL DINERO

De todas las ideas de los partidarios del dinero seguro, los que proponen que los bancos centrales registren y creen el dinero, la más difícil de entender es esta, que ya se ha avanzado antes: que en nuestro sistema actual los bancos privados crean el dinero.

La visión popular de los bancos era la de unos intermediarios que tomaban depósitos de los ahorradores y los prestaban a los inversores. Pero esta no era solo la visión popular, sino también la de muchos economistas. Se suele atribuir a Schumpeter esta frase: «Siempre me ha sorprendido que a los economistas les cueste aceptar que son los bancos comerciales los que crean el dinero». Y ha sido así hasta hace muy poco.

Muchos libros de texto no solo ratificaban esta visión de los bancos privados como intermediarios, sino que, mediante una teoría denominada «el multiplicador», explicaban cómo el Banco Central creaba el dinero y los bancos privados simplemente lo multiplicaban. Esto es incorrecto.

Esta creencia ha sido ampliamente compartida hasta casi el año 2014, después de que estallara la crisis, cuando el Banco de Inglaterra empezó a publicar varios documentos[3] explicando cómo funciona el proceso de creación de dinero en las economías desarrolladas. Hoy no hay ningún economista que niegue que los bancos privados crean el dinero, aunque, como es lógico, señalen las limitaciones e incentivos al desarrollo de esa función que resultan de la política monetaria de los bancos centrales.

Y es fundamental darse cuenta de que los bancos privados son los que ahora crean el dinero, porque el pro-

---

[3] El lector interesado encontrará estos documentos en el apartado «Referencias y bibliografía».

blema no es solo que lo hagan, sino sobre todo que no pueden crear dinero sin facilitar el aumento de la deuda de la economía.

Ya hemos visto los problemas que surgen debido a que el dinero en forma de depósitos en los bancos privados es muy frágil, pues su solidez depende de cómo hayan resultado las inversiones de los bancos. Cuando estas inversiones terminan mal, acaban produciéndose los costes monstruosos de las crisis bancarias. Pero hay otros problemas, también muy negativos para la economía, que se deben al hecho de que los bancos privados crean la mayor parte del dinero.

Por ejemplo, el aumento del endeudamiento. En condiciones normales, cuando los bancos centrales quieren que se cree más dinero para disponer de un volumen de oferta monetaria que se adapte bien al crecimiento de la economía, reducen los tipos de interés y los bancos crean ese dinero, pero eso a la vez crea deuda.

La consecuencia de esto es el aumento del endeudamiento y que las economías se apalancan en exceso. La relación de la deuda sobre el PIB va creciendo hasta que llega un momento en que los gastos financieros de esa deuda hacen imposible que pueda aumentar la demanda de bienes y servicios; entonces se producen las crisis y las recesiones porque las familias y las empresas dedican sus recursos a hacer frente al pago de esa deuda y cae el gasto en consumo e inversión.

El matrimonio que se produce en el sistema actual entre creación de dinero y aumento de deuda tiene dos problemas graves para la gestión de la economía. Por un lado, es la fuente de las crisis bancarias que inevitablemente estallan después de la fase de expansión exagerada del crédito. La mayoría de las grandes crisis se producen después de un aumento excesivo de la deuda bancaria, un incremento de la relación entre el volumen de crédito y el volumen del PIB.

Otro problema del matrimonio dinero-deuda es que también hace muy difícil gestionar la salida de la crisis. La razón por la que las crisis bancarias tienen efectos negativos muy prolongados es que uno de los instrumentos para salir de ellas y para que la economía se recupere es aumentar la oferta monetaria. Pero, en el sistema actual, para que los bancos aumenten la cantidad de dinero es necesario que sus clientes acepten aumentar su deuda.

El problema es que, cuando se ha llegado a una situación de endeudamiento excesivo, nadie está dispuesto a aumentar su deuda. En cuanto estalla la crisis, los agentes se dedican a devolver su deuda y reducen el gasto que se dedica a demandar bienes y servicios. Ni los ciudadanos ni las empresas están interesados en aumentar su endeudamiento, por mucho que los bancos centrales incentiven a los bancos privados a aumentar la concesión de créditos bajando los tipos de interés.

Durante los primeros años de la reciente crisis, los bancos centrales redujeron los tipos de interés para aumentar la oferta monetaria, pero no lo consiguieron. Los bancos privados no aumentaban la oferta monetaria porque no podían crear dinero sin incrementar la deuda, y no podían hacer esto justo en un momento en que sus clientes querían disminuirla. De ahí que los bancos centrales tuvieran que inventar otros instrumentos como la expansión cuantitativa (QE, por sus siglas en inglés), por medio del cual se intentó incrementar el dinero en la economía comprando activos financieros en los mercados.

La ventaja de pasar a un sistema en el que el Banco Central cree el dinero es que este puede aumentar la oferta monetaria sin incrementar la deuda, simplemente transfiriendo el dinero creado a los ciudadanos, sin necesidad de que estos aumenten su deuda; por tanto, es más fácil que, al menos en parte, puedan gastarlo en compras de bienes o servicios o prestando a otros que quieran invertirlo. En un sistema en el que el dinero es creado por los bancos centrales, se puede aumentar el consumo o la inversión —la demanda agregada— sin que aumente el endeudamiento de la economía.

EL SECTOR MÁS PROTEGIDO E INTERVENIDO

La fragilidad de los depósitos bancarios es uno de los dos grandes problemas del sistema actual, concretamente la fuente de la falta de estabilidad. Pero el otro gran problema es que la banca no funciona bajo las reglas de mercado como los demás sectores de la economía; esta falta de competencia es el origen de la escasa introducción de innovaciones y supone un freno al crecimiento económico.

¿Cuál es el sector de la economía más protegido e intervenido por el Estado? Prueben a hacer esta pregunta a sus conocidos. O pregunten a políticos, ministros, economistas, o gobernadores de bancos centrales. Normalmente, les dirán que es la agricultura, las profesiones liberales, los taxistas, la energía eléctrica, etcétera. Es muy raro que respondan que el sector más protegido es la banca privada cuando, sin ninguna duda, es el que cuenta con más protecciones del Estado y cuyas actividades están más intervenidas por él.

La banca privada es el ejemplo de máximo proteccionismo e intervencionismo en la economía y se lleva a cabo con numerosos y diversos instrumentos que tratan de evitar la competencia y aumentar la cuenta de resultados de los bancos. Es quizá el último resto en nuestras economías de la creencia de que el Estado sabe mejor que los empresarios lo que se debe hacer.

La protección y la hiperregulación de la banca se reforzaron después de la crisis de 2008. La visión predominante sobre el sector bancario fue que, antes de la crisis, se la había desregulado y estaba insuficientemente intervenida, lo que causó la gran debacle. De hecho, la visión general todavía es la misma: es necesario seguir protegiendo a la banca y aumentando las regulaciones que impidan asumir riesgos que desencadenen una crisis.

Y en cierto sentido esto es correcto porque, mientras continuemos utilizando como dinero un activo muy frágil —los depósitos bancarios—, es obligado que el Estado los proteja y los regule.

Por un lado, es necesario proteger a los bancos porque, si no se hiciera, nadie utilizaría los depósitos como dinero, y a la vez es necesario que el Estado regule fuertemente esas actividades con el fin de evitar que los bancos asuman riesgos excesivos para reducir en cierta medida la frecuencia y severidad de las crisis bancarias.

Pero la protección tiene efectos perversos, porque justo por estar fuertemente protegida y, por tanto, por no dejar funcionar los mecanismos del mercado, la banca tiende a asumir más riesgos y así se vuelve aún más frágil y más proclive a las crisis bancarias. El sistema actual está atrapado en un círculo vicioso del que resulta difícil salir.

La intervención del Estado en las actividades de los bancos es fortísima, y son numerosos los privilegios, subsidios, protecciones, etcétera, así como las regulaciones por las cuales el Estado les dice a los agentes privados —los bancos— lo que pueden y no pueden hacer.

En los siguientes apartados examinaremos los dos principales paquetes regulatorios que se aplican a los bancos: la regulación proteccionista y la regulación intervencionista.

INVENTARIO DE PRIVILEGIOS Y PROTECCIONES

Para valorar la magnitud de la protección del Estado a la banca basta con comprender que el negocio bancario no existiría sin la ayuda del Estado. No se trata, como en otros sectores, de que gracias a los subsidios mejore su cuenta de resultados o se incentive su actividad, tampoco de que la protección del Estado proporcione al sector bancario unas muletas con las que pueda caminar mejor; el Estado es más bien como una silla de ruedas para la actividad bancaria sin la cual no podría ni moverse.

Las protecciones y los privilegios se justifican plenamente porque hoy día los ciudadanos solo pueden usar como dinero los depósitos bancarios privados. No tienen otra alternativa, no pueden utilizar un dinero seguro, y para evitar los problemas del dinero bancario se ha ido construyendo un edificio impresionante de privilegios y protecciones. Por ello, no solo para conocer los problemas del sistema bancario, sino para entender bien los problemas del dinero, es imprescindible estudiar cuidadosamente cada uno de los privilegios y las protecciones del Estado a la banca privada.

En la siguiente tabla se recoge un listado de las principales protecciones y los privilegios de la banca y da una idea de la extraordinaria dimensión y profundidad de la protección del Estado a las actividades bancarias. El objetivo de estas protecciones es reducir la fragilidad del dinero privado, pero sus efectos se extienden a los otros mercados en los que actúa la banca, fundamentalmente el mercado de préstamos y el mercado de servicios de pagos.

PRINCIPALES PRIVILEGIOS Y PROTECCIONES DE LA BANCA
1. Solo los bancos tienen el privilegio de crear dinero
2. Solo los bancos pueden tener cuentas corrientes en el Banco Central
3. El Estado asegura a los bancos una financiación muy barata
4. Los bancos pueden obtener liquidez del Estado cuando la necesiten
5. No se les aplican las leyes generales de bancarrota. Poseen sistemas especiales de resolución
6. No se les aplican las leyes de defensa de la competencia
7. Se utiliza dinero de los contribuyentes para salvar a los bancos
8. El señoreaje derivado de la creación de los depósitos bancarios no se traslada al Estado ni a los ciudadanos
9. Se exige a los bancos unos niveles de capital inferiores a los que les exigiría el mercado

1. Solo los bancos tienen el privilegio de crear dinero

Ya hemos comentado que una de las características del sistema monetario actual es que los bancos no son solo intermediarios entre los ahorradores y los inversores, sino que, si quieren, pueden crear más dinero aparte del que los ahorradores ya han depositado.

Lo que importa señalar aquí es que este privilegio no lo tiene ninguna otra entidad privada. Por supuesto, no lo tiene ninguna entidad no financiera. Ninguna empresa del sector real puede crear dinero para pagar a sus proveedores o hacer frente a la nómina de sus trabajadores.

Pero tampoco ninguna otra entidad del sistema financiero puede crear dinero. Un fondo de inversión, un *hedge fund*, una compañía de seguros, etcétera, no pueden crear dinero. Sin embargo, el generado por los bancos privados es automáticamente reconocido como dinero por todos los agentes económicos y, por supuesto, por el propio Estado, y puede ser convertido en billetes públicos.

Solo un ente público como el Banco Central puede también crear dinero, pero la mayoría del que usan todos los agentes económicos es creado por los bancos privados. Como luego veremos, es tal el poder que se otorga a los bancos al dejarles que sean los creadores de dinero, que el propio Estado está obligado a compensar este poder frenando la creación de dinero a través de la política monetaria y exigiendo a los bancos el cumplimiento de numerosas regulaciones con el fin de que no abusen de este privilegio.

2. Solo los bancos pueden tener cuentas corrientes en el Banco Central

Quizá este es el instrumento de protección más importante de todos, ya que, si no tuviera este privilegio, la banca privada podría dejar de existir. Esta protección consiste en prohibir a todos los ciudadanos y a todas las empresas abrir cuentas corrientes en el Banco Central. Se puede ver como una prohibición o también como un privilegio, pues los bancos privados sí pueden abrir cuentas corrientes en el Banco Central.

Y no solo los ciudadanos y las empresas tienen vetado el uso de cuentas corrientes en el Banco Central; tampoco pueden abrir cuentas en otra entidad financiera que no sea un banco. Este es un privilegio que tienen los bancos frente al resto de las entidades del sistema financiero.

La mayoría de los privilegios de la banca son difíciles de argumentar, pero este es injustificable. La mayoría de las protecciones a la banca se justifican para hacer más seguro el dinero que utilizamos. Pero si la seguridad del dinero es el objetivo, no se puede defender que se prohíba a los ciudadanos usar un dinero que es absolutamente seguro.

El dinero que pudieran tener los ciudadanos depositado en el Banco Central sería un dinero totalmente seguro, no necesitaría seguro de depósitos, ni ayudas de liquidez, ni salvamento de los bancos, etcétera. Sin embargo, al prohibirles tener depósitos en el Banco Central se obliga a todos los ciudadanos y a las empresas a tener su dinero en los bancos privados. Se les obliga a usar un dinero frágil que, para parecer seguro, necesita de todas las ayudas que estamos analizando.

¿Por qué el Estado no deja a los ciudadanos tener un dinero seguro y les obliga a tener un dinero frágil? Sin duda, no es para mejorar la seguridad del dinero sino para proteger a la banca. De ahí que posiblemente sea el primer privilegio en caer en una posible reforma.

3. *El Estado asegura a los bancos una financiación muy barata*

El seguro de depósitos es otra protección significativa del Estado a la banca de la que tampoco disfruta ninguna otra entidad del sistema financiero. Los depósitos son una fuente de financiación muy apreciada por los bancos porque normalmente no pagan nada o muy poco por ellos. Se trata de una protección sustancial, ya que se subsidia el coste de financiación de los bancos privados y normalmente ninguna otra entidad puede obtener financiación a un coste tan bajo.

El seguro de depósitos no es solo un privilegio por el menor coste de financiación, sino que lo más importante que consigue es que los ciudadanos presten su dinero a los bancos con la tranquilidad de que les será devuelto. Aunque realmente lo que el banco le da al ciudadano es tan solo una promesa de pago —puesto que no tienen el dinero depositado en el Banco Central—; gracias al seguro de depósitos, los ciudadanos y las empresas perciben los depósitos como si fueran dinero porque si el banco no pudiera devolverlo, lo haría el Estado.

El principal valor de esta protección del Estado es, pues, dar confianza a los ciudadanos que operan con los bancos, que no tengan miedo de dejarles su dinero. Y esta garantía psicológica de confianza es incluso más importante que la garantía real de que el Estado sea el que les entregue el dinero cuando el banco tiene problemas. De hecho, y como hemos visto en la crisis reciente, casi no se ha usado nunca el seguro de depósitos. Y esto ha sido posible porque, como veremos, se han utilizado otros instrumentos para afrontar el problema de que los bancos no puedan devolver el dinero a los depositantes.

La protección del seguro de depósitos es trascendental, porque sin ella los bancos tal como hoy los conocemos no existirían. Si no hubiera esta protección, los bancos no tendrían, como ahora, un capital que no alcanza ni el 10 por ciento de sus activos totales. Tendrían que volver a ser instituciones como las del siglo xix, cuando para ganarse la confianza de los clientes debían tener un capital del orden del 30 o el 40 por ciento sobre el total de activos.

Esta protección fue creada por el presidente Roosevelt después de la Gran Depresión y hoy existe en los sistemas bancarios de todo el mundo. Es más, durante la última crisis todos los países aumentaron el umbral máximo de depósitos asegurados, y por tanto incrementaron el nivel de protección que los bancos tenían a través de este instrumento.

A veces se disfraza esta protección diciendo que se trata de un seguro privado que pagan las propias entidades de depósitos. Esto es falso porque la aportación de los bancos a este seguro es realmente ridícula. Si se utilizara un mecanismo de mercado y se les exigiera asegurar tales depósitos en el mercado de seguros, las primas que tendrían que pagar serían ingentes. Ninguna compañía de seguros querría asegurar los depósitos cobrando las primas que hoy aportan los bancos.

Esta situación es parecida a lo que sucede con las centrales nucleares. El mercado de seguros no aseguraría nunca una central nuclear contra los posibles accidentes, y si se siguen construyendo es porque se sabe que si hay un accidente el Estado se hará cargo de los gastos.

4. *Los bancos pueden obtener liquidez del Estado cuando la necesiten*

Uno de los problemas de cualquier empresa privada, ya sea financiera o no, es tener siempre la liquidez suficiente para atender sus obligaciones de entregar dinero en un corto plazo.

Las razones por las que existen obligaciones de corto plazo son muy variadas. En el mundo real, las empresas deben pagar la nómina de los trabajadores, pagar a los proveedores, hacer frente a los préstamos, etcétera. Y lo mismo sucede en el sistema financiero. Todas las empresas financieras tienen en algún momento necesidad de liquidez, como, por ejemplo, el reembolso de los fondos de inversión, el pago por parte de las compañías de seguros de determinadas contingencias, etcétera.

La liquidez es muy importante porque, aunque las empresas sean solventes y a largo plazo puedan hacer frente a todas sus obligaciones, si no se preocupan de tener activos líquidos para responder a las obligaciones de corto plazo pueden entrar en suspensión de pagos, lo que muchas veces se convierte en el primer paso hacia la quiebra.

Como todas las empresas, los bancos pueden tener problemas de liquidez. Habitualmente no es un problema grave y pueden resolverlo, como las otras empresas, a través del mercado, y en el caso de los bancos se hace a través de lo que se llama el mercado interbancario, que son los préstamos a corto plazo que se cruzan los bancos entre sí.

Pero aunque no sea habitual, los bancos pueden tener problemas serios de liquidez, más graves que ninguna otra empresa o entidad financiera, debido al desequilibrio estructural de plazos de su balance, ya que prestan a largo plazo y se endeudan a muy corto plazo. Por ello, recurrir al Estado para resolver los problemas de liquidez de los bancos privados es la más antigua de todas las protecciones que se les conceden.

Con el fin de evitar que tengan el más mínimo inconveniente, el Estado facilita a los bancos, a través del Banco Central, la liquidez para resolver sus problemas. Esto lo hace habitualmente poniendo a su disposición diversas posibilidades de crédito, y cuando el banco privado necesita mayores flujos de liquidez, como puede ser en momentos de incertidumbre o de crisis, el Estado pone a su disposición todo el dinero necesario mientras sean solventes.

Este es un privilegio inmenso que todas las entidades del sistema financiero desearían tener pero que solo tienen los bancos privados.

5. *No se les aplican las leyes generales de bancarrota. Poseen sistemas especiales de resolución*

A la mayoría de las entidades del sistema financiero como, por ejemplo, las compañías de seguros, los *hedge funds*, las sociedades gestoras de inversión, etcétera, se les aplican las leyes concursales o de quiebra previstas en las legislaciones para todas las empresas. Sin embargo, ningún país aplica dichas leyes de quiebra a los bancos salvo que sean muy pequeños. La razón es que, a pesar de los seguros de depósitos, la quiebra de un banco mediano puede tener un impacto en la confianza en el sistema de pagos con efectos catastróficos como los que ya conocemos.

Por eso todos los países tienen una legislación especial, llamada de «resolución» bancaria, para resolver los problemas que tienen los bancos y que los podrían llevar a la quiebra. Es verdad que en el caso de entidades muy pequeñas a veces se procede a liquidarlas, pero en cuanto un banco tiene un tamaño mediano, se hace lo posible para evitar que quiebre.

Los mecanismos que se utilizan para evitar la aplicación de la legislación general de quiebra son muy diversos: «bancos malos», garantías, inyecciones de capital, etcétera.

Después de cada crisis los gobiernos prometen que no habrá ayudas públicas, que los contribuyentes no contribuirán más al salvamento de los bancos. La última crisis no ha sido una excepción en estas buenas intenciones, y se ha prometido, mediante la expresión *bail in* o «rescate interno», que ya no volverá a suceder. Por fortuna, cuando llegue la próxima crisis los gobiernos inyectarán el dinero público que sea necesario para evitar el colapso del sistema cuyo coste es mayor que el dinero público utilizado en evitar su quiebra.

Esta protección especial de los bancos tiene unas consecuencias económicas muy negativas para la ciudadanía, pues impide que funcione uno de los mecanismos fundamentales de la economía de mercado, esto es, que por medio de las quiebras desaparezcan las empresas que no son capaces de gestionar bien los recursos o no saben atender los deseos de los consumidores. Pero, por supuesto, para las empresas privadas —los bancos— que gozan de este privilegio, es una fuente de ventajas que el resto de los agentes económicos sepa que no pueden quebrar.

Quizá la ventaja más evidente derivada de este privilegio es que los financiadores de los bancos, sabiendo que el banco no va a quebrar, les ofrecen una financiación más barata que al resto de las entidades financieras y no financieras que pueden quebrar y desaparecer del mercado sin devolver lo prestado.

6. *No se les aplican las leyes de defensa de la competencia*

Salvo en el caso en que los bancos deciden hacer cárteles muy notorios, las autoridades de competencia de todos los países los eximen de la aplicación de las leyes antimonopolios o de defensa de la competencia porque una mayor competencia aumentaría la fragilidad de los bancos y las posibilidades de crisis.

El caso más evidente es el de las concentraciones, que no solo no las prohíben las autoridades, sino que incluso las impulsan como solución a los problemas de los bancos. Y para observar este privilegio no hay que ser un profundo conocedor del sistema bancario, basta con haber leído los periódicos a lo largo de la crisis y seguir leyéndolos en la actualidad. El resultado de esta política ha sido una concentración creciente en el sistema bancario.

¿Cuál es la razón de que no se apliquen de manera estricta las leyes de defensa de la competencia? La razón es muy simple, y es que tanto las concentraciones como las demás actuaciones perseguidas por las leyes antimonopolios permiten un aumento de los beneficios de las entidades correspondientes derivado de la menor competencia. Y en la mayoría de los sectores no importa que las empresas ineficientes quiebren o desaparezcan. Sin embargo, esto es impensable en el sector bancario. Una de las preocupaciones de la legislación y de las autoridades responsables del sistema bancario es que los bancos tengan un nivel de beneficios suficiente que evite que caigan con facilidad en crisis. Y una posibilidad relativamente fácil de aumentar los beneficios es autorizar e incluso impulsar las concentraciones bancarias.

Otro ejemplo es el caso de la Unión Europea, en el que las ayudas públicas a las empresas privadas están prohibidas o son autorizadas en casos muy contados, y sin embargo hemos podido ver a lo largo de la última crisis cómo, en cuanto se consideró que salvar los bancos era indispensable para mantener la estabilidad del sistema, se autorizaron prácticamente todas las ayudas públicas solicitadas. Esto es lógico. Por las mismas razones que se justifican las demás protecciones y privilegios es razonable que las autoridades de competencia hagan algo distinto que lo que hacen con otros sectores porque los daños de una aplicación estricta de las normas de defensa de la competencia podrían ser enormes.

De nuevo, hay que señalar que este privilegio no lo tiene ninguna otra entidad financiera ni no financiera.

7. Se utiliza dinero de los contribuyentes para salvar a los bancos

Los estados utilizan el dinero de los contribuyentes para ayudar a los bancos de formas muy variadas. La más conocida es la inyección de capital en las entidades, utilizada para salvar a los bancos durante las crisis. Pero hay otras muchas, como las garantías, la asunción de pérdidas de «bancos malos», etcétera, que recurren igualmente a los presupuestos públicos para resolver los problemas de los bancos en crisis y que la opinión pública no percibe con facilidad.

Precisamente por ser muy difícil de ocultar, la inyección de capital en las entidades es el privilegio que provoca una mayor indignación en la opinión pública. Pero es curioso que, en cuanto al coste para el conjunto de la ciudadanía, no es el instrumento más gravoso. El resto de los privilegios que hemos comentado, como el seguro de depósitos, las ayudas a la liquidez, etcétera, tienen unos costes macroeconómicos y presupuestarios de una magnitud incomparablemente mayor que la que suponen las ayudas de capital a los bancos.

Una vez más hay que decir que el coste de las ayudas de todo tipo que se emplean para salvar a los bancos evita el coste mayor que tendrían que sufrir los contribuyentes si no se inyectara ese dinero y se dejara quebrar a los bancos. Mientras se mantenga un sistema en el que el dinero no es un activo seguro sino un activo con riesgo, estas ayudas pueden ser imprescindibles.

8. *El señoreaje derivado de la creación de los depósitos bancarios no se traslada al Estado ni a los ciudadanos*

De antiguo se ha llamado «señoreaje» al beneficio que obtenían los que tenían el privilegio de emitir dinero. Ahora los beneficios de los bancos centrales se suelen transferir a los estados como un ingreso más de los presupuestos.

Los bancos privados no crean dinero físico —los billetes—, pero sí dinero digital —los depósitos—, y de ello obtienen un beneficio que va a la cuenta de resultados o a dar un mejor tratamiento a ahorradores e inversores, lo cual es también un privilegio en la medida en que les permite aumentar su negocio.

Además, esta ayuda no es ocasional como, por ejemplo, las ayudas al capital de los bancos durante la crisis que se otorgan solo en momentos excepcionales, sino una ayuda recurrente que obtienen los bancos todos los años, haya o no haya crisis bancarias.

9. Se exige a los bancos unos niveles de capital inferiores a los que les exigiría el mercado

La mayoría de los privilegios y las protecciones al sector bancario se han ido introduciendo desde principios del siglo xx. Hasta finales del siglo xix, los bancos gozaban de algunos privilegios, pero estaban más sometidos a la disciplina de mercado.

Entonces el mercado exigía a los bancos algunos requerimientos de tipo económico bastante más duros que los que hoy día se exigen por la regulación bancaria. Es curioso que, una vez construidos unos muros de protección al sector bancario verdaderamente extraordinarios, las exigencias incorporadas en la regulación prudencial son muy inferiores a las que el propio mercado les exigía en el pasado.

El tratamiento que daba el mercado a los bancos era mucho más exigente que el que hoy les dan los reguladores. Esto se constata, por ejemplo, al observar cómo ha evolucionado el nivel de capital de los bancos, que es una variable fundamental para reducir la frecuencia y gravedad de las crisis bancarias.

Por ejemplo, en la regulación prudencial aprobada después de la crisis, se impuso un mínimo de un 3 por ciento en Europa y de un 5 por ciento en Estados Unidos en el denominado «ratio de apalancamiento», que mide la relación entre el capital del banco y el total de sus activos. Ahora son muy pocos los bancos que alcanzan el 10 por ciento y, sin embargo, durante prácticamente todo el siglo xix, lo habitual era que el mercado exigiera a los bancos un nivel de capital del orden del 30 al 40 por ciento sobre los activos totales.

Otro ejemplo de cómo en el pasado el mercado exigía una actuación más prudente a los bancos y que ha desaparecido actualmente era que los banqueros respondían con todo su patrimonio si quebraban. Como se sabe, esa responsabilidad se suprimió y ahora responden solo con el capital que hayan puesto y que es una cifra ridícula al lado del 90-95 por ciento de la financiación de sus activos, que obtienen tanto de los depositantes como de los demás financiadores distintos de los accionistas.

LA REGULACIÓN PRUDENCIAL: UN INTERVENCIONISMO CASI SOVIÉTICO

La protección de sectores económicos por parte del Estado ha sido —y sigue siendo— algo muy común en casi todas las economías de mercado. Pero, como hemos visto, la protección del Estado a los bancos impresiona porque no es normal; se trata de una protección excepcional, tanto en cantidad como en sofisticación de los instrumentos empleados en protegerlos. La intensidad y la variedad de protecciones, subsidios, garantías y privilegios de que disfruta la banca es asombrosa.

Y aún más asombroso es que el bloque regulatorio de protección a los bancos haya aumentado en los últimos años, pues esta evolución va completamente en contra de la tendencia de las políticas económicas de las últimas décadas, que han ido reduciendo el proteccionismo en casi todos los sectores de la economía.

Sin embargo, la mayor singularidad de la regulación estatal de los bancos no es el bloque de regulación proteccionista porque, aunque con menor intensidad, puede encontrarse en otros sectores, sino otro bloque regulatorio que solo se aplica a los bancos y que suele denominarse la «regulación prudencial».

En la mayoría de los sectores protegidos en las economías desarrolladas, una vez que se han otorgado los privilegios y se han establecido las protecciones, se deja a las empresas decidir por sí mismas lo que quieren hacer en políticas de producción, marketing, estructura de financiación, etcétera. Pero en el caso de la banca, una vez más, nos encontramos con algo singular, y es que los bancos están sometidos a este régimen de regulación muy especial llamado «prudencial», que no tiene ningún otro sector económico.

En efecto, además de la regulación protectora se ha establecido una voluminosa y detalladísima regulación intrusiva, que le dice a los empresarios del sector bancario cómo tienen que financiarse, el colateral a exigir, los métodos de cálculo del riesgo, etcétera. Esta regulación prudencial, que se supone que es necesaria para evitar las crisis bancarias y favorece la estabilidad financiera, es en realidad una regulación parecida a la que existía en los regímenes soviéticos para decirles a las empresas lo que debían hacer en la producción física.

Esta regulación se ocupa justamente de la parte nuclear de la actividad de una entidad financiera, es decir, la decisión sobre la combinación de riesgo-rentabilidad de sus operaciones. Esto es justamente lo que hace el Estado cuando le dice a los bancos qué riesgos deben asumir, cuánto capital deben tener, la liquidez disponible, etcétera, y muchas más cosas como, por ejemplo, cómo deben retribuir a sus directivos y empleados, o qué modelos deben adoptar para calcular sus riesgos. Es difícil encontrar otro sector económico en el que la libertad del empresario, en su tarea esencial de tomar decisiones sobre cómo llevar su negocio, esté tan limitada.

La gestión de los riesgos es el núcleo del negocio de las empresas financieras. Decirles a los bancos qué riesgos pueden asumir, cómo tienen que gestionar su liquidez, o qué colaterales deben exigir, es decirles cómo deben gestionar su negocio.

Hay que señalar las diferencias de esta regulación con otras regulaciones empresariales y financieras que también son muy importantes, pero que están pensadas para que el mercado funcione bien, los usuarios tengan toda la información disponible para tomar sus decisiones o las destinadas a proteger a los consumidores. Tales objetivos son muy importantes y en un sistema de dinero seguro este tipo de regulaciones también deberán mantenerse para todas las entidades financieras, y no estaría mal que se reforzaran. Pero la regulación prudencial que se exige a los bancos es muy distinta de estas regulaciones protectoras del mercado y los consumidores.

La regulación prudencial no se dedica a proteger de las crisis bancarias a los consumidores, sino al Estado y a los ciudadanos, y por eso les dice a los bancos qué deben hacer. Es el Estado el que decide si, como sucedía antes de Basilea III, pueden conceder las hipotecas que quieran sin necesidad de aumentar su capital; o el que penaliza a los bancos que quieran prestar a empresarios innovadores que no tengan ninguna garantía o colateral que ofrecer.

También, como sucedía en los regímenes comunistas, de manera periódica los reguladores constatan que las instrucciones que da el Estado a través de la regulación prudencial tienen muchos fallos, y que en algunos casos les obliga a tomar decisiones peores que las que habrían tomado los bancos libremente. Esto sucede en especial cuando rebrotan las crisis bancarias; entonces los reguladores se dan cuenta de que aquellas inversiones que el Estado antes había considerado seguras para la estabilidad financiera como, por ejemplo, las hipotecas, no eran tan positivas, sino que llevaron a la crisis. Y volverá a suceder en el futuro. Ahora, por ejemplo, Basilea III considera que los bonos de los gobiernos son una inversión muy segura, pero no sería raro que en la próxima crisis se comprobase que la inversión en bonos de algunos gobiernos no era precisamente una inversión sin riesgo.

Para hacerse una idea del cúmulo de regulaciones estatales que interfieren en la gestión de los bancos basta con repasar las leyes que se han aprobado después de la reciente crisis: la Dodd Frank en Estados Unidos o la directiva de capital en la Unión Europea. Con todos sus desarrollos tienen alrededor de dos millones de palabras. Si la Biblia tiene setecientas mil para mostrarnos lo que debemos hacer, la regulación prudencial emplea tres veces la Biblia para decirle a los bancos cómo deben comportarse.

Los directivos de los bancos se quejan de tales regulaciones; dicen que son una camisa de fuerza que les impide gestionar bien su negocio. Y tienen razón. El problema es que en el resto de las entidades y en los contratos financieros los errores de la gestión los pagan los involucrados en esas transacciones, y en el caso de los bancos lo pagan todos los que sufren las crisis bancarias; por eso el Estado cree que obligándoles a cumplir con sus requerimientos no se producirán las crisis.

SUPERVISORES Y BANCOS CENTRALES: POLICÍAS Y ÁNGELES

Las entidades de depósito no solo tienen que cumplir una regulación ingente y compleja, sino que además el Estado ha creado unos entes públicos, los llamados supervisores bancarios, que se ocupan de comprobar que los bancos cumplen con las normas prudenciales.

En principio estos supervisores tienen algo de policía, son como los guardias de tráfico que deben vigilar si se hacen adelantamientos prohibidos, se sobrepasan los límites de velocidad o se conduce con una cantidad de alcohol en la sangre por encima de la permitida.

Pero la existencia de estos entes públicos es también algo excepcional del sector bancario si lo comparamos con la forma en que se regulan los demás sectores económicos. En la mayoría, por ejemplo, en la distribución de productos alimenticios o la producción y venta de automóviles, el Estado no tiene entes públicos parecidos para supervisar el cumplimiento de unas normas que dicen cómo deben gestionar sus negocios. Las inspecciones, como las de Hacienda o las de Trabajo, se hacen para vigilar el cumplimiento de normas generales como los impuestos o el derecho laboral, pero no para preocuparse de que sus cuentas de resultados vayan bien. Incluso en la regulación de los monopolios se exigen determinadas prestaciones, se fijan tarifas, etcétera, pero no se les dice cómo tienen que gestionar sus negocios para evitar que quiebren.

Pero, una vez más, hay que reconocer que mientras tengamos un dinero frágil y proclive a las crisis, esta excepcionalidad del sector bancario, la necesidad de tener entes públicos especiales que se ocupen de que cumplan con esas regulaciones, está plenamente justificada, porque una mala gestión financiera por parte de las entidades privadas que producen el dinero puede tener consecuencias catastróficas.

Además de los supervisores, el Estado tiene otros entes públicos que se ocupan de los bancos. Son los bancos centrales, que se encargan de la política monetaria, de facilitar a los bancos privados el funcionamiento del sistema de pagos y de que tengan acceso a la liquidez que necesiten para evitar que los problemas derivados de ella puedan convertirse en quiebras bancarias, con los efectos de desaparición del dinero en la economía y la paralización del crédito.

Normalmente estos dos tipos de entes públicos ejercen de policías y proveedores de un servicio especial como es el de la liquidez. Pero sucede que, cuando los bancos empiezan a tener problemas, tanto los supervisores como los bancos centrales se preocupan aún más de los beneficios bancarios. Y con razón. Porque la primera línea de defensa ante una crisis son dichos beneficios. Si estos desaparecen y emergen las pérdidas, y estas se repiten en algunos ejercicios, el riesgo de quiebra de los bancos aumenta enormemente. Y esto lleva a que tanto los supervisores como los bancos centrales se conviertan en algo parecido a ángeles de la guarda de los bancos privados.

Entonces tanto los bancos centrales como los supervisores empiezan a inventar instrumentos adicionales que ayuden a los bancos a mejorar su cuenta de resultados. Esto puede tener sentido justamente para evitar las crisis, pero también es una muestra adicional de cómo las intervenciones del Estado en la banca privada se dirigen a evitar que los mecanismos de mercado funcionen. Porque un elemento esencial del funcionamiento del mercado es que aquellas entidades o empresas cuyas cuentas de resultados vayan mal deberían desaparecer por medio de cierres o absorciones, porque significa que no sirven a los consumidores y que consumen recursos humanos y de todo tipo que podrían utilizar las empresas más eficientes.

Esta actitud de ángeles de la guardia lleva a que, en algunos casos, los supervisores y los bancos centrales mantengan entidades «zombies», es decir, empresas que en una situación normal de mercado y sin la ayuda del Estado habrían muerto y sin embargo siguen vivas.

DIAGNÓSTICO: ¿DEMASIADO MERCADO
O DEMASIADO ESTADO?

Cuando a finales de 2008 estalló la crisis de Lehman Brothers se produjo una reacción de cooperación internacional extraordinaria. Con el impulso del presidente Obama, se creó el G20 y el Consejo de Estabilidad Financiera (FSB por sus siglas en inglés), al que se le encargó proponer los cambios regulatorios necesarios para que no volviera a suceder una crisis tan dramática y destructiva como aquella.

El diagnóstico sobre los problemas vividos, que obtuvo un amplio consenso entre la mayoría de los analistas, consideraba que las causas de las crisis habían sido fundamentalmente dos: por un lado, la expansión exagerada del crédito, por lo que en el futuro habría que evitar la formación de burbujas que llevan a un endeudamiento excesivo de las economías y que no solo acaban provocando recesiones, sino que, debido al elevado endeudamiento de familias y empresas, hacen que las recuperaciones posteriores sean muy lentas.

Por otro lado, se pensó que el problema había surgido también porque en los años noventa, y a partir de la creencia de que los mercados eran eficientes, se había desregulado mucho el sistema financiero. Por ejemplo, se consideró un error haber derogado en esa década la Ley Glass-Steagall, que se había aprobado después de la crisis de los años treinta y que, junto a otras desregulaciones, habían permitido la aparición de innovaciones peligrosas en el campo de los productos derivados y estructurados que, se consideraba, habían sido los causantes de la crisis de 2008. El diagnóstico de la mayoría fue que había sido un error pensar que los mercados eran eficientes y que por tanto era necesario ir en el sentido contrario de la desregulación. Por ello se propuso aumentar la regulación y hacerla más estricta para que los bancos no incurrieran en riesgos que pudieran derivar otra vez en crisis bancarias.

Esta visión «antimercado» y «prorregulación» fue incluso aceptada por los liberales que en su día aconsejaron la desregulación, como el propio Alan Greenspan, que confesó ante el Congreso de Estados Unidos que se había equivocado al pensar que los mercados eran eficientes y que las entidades bancarias serían las más interesadas en evitar entrar en crisis.

¿Fue correcto este diagnóstico? ¿Es verdad que el problema es que los mercados no funcionan y es necesario aprobar una regulación muy intervencionista para evitar que los bancos quiebren? Si adoptamos la visión de los partidarios del dinero seguro (CBDC), la respuesta sería: «depende».

Es cierto que si seguimos usando como dinero un activo financiero, esto es, un activo con riesgo como son los depósitos bancarios, estamos jugando con fuego, y si no queremos seguir encontrándonos con que recurrentemente se colapse la economía porque desaparece el dinero y se paraliza el crédito, entonces es obligado aprobar una regulación muy intervencionista para evitar que los bancos asuman riesgos que hagan muy frecuentes y severas las crisis bancarias.

Pero el estudio de las propuestas de dinero digital seguro y de liberalización de la banca lleva a cambiar por completo el diagnóstico sobre las crisis bancarias y también las recetas para evitar que se vuelvan a producir.

Los estudios del dinero seguro nos muestran que si usamos como dinero los depósitos del Banco Central, que no son un activo financiero ni tienen riesgo, entonces podemos suprimir todas las regulaciones proteccionistas que tiene la banca y todo el paquete regulatorio intervencionista al que llamamos regulación prudencial. Y, de manera paradójica, no tendríamos los problemas de inestabilidad que tenemos ahora con unas regulaciones que, precisamente, pretenden disminuir las crisis bancarias.

Si hay crisis bancarias es porque el dinero bancario es frágil y porque lo crean unas empresas privadas que pueden hacerlo si a su vez generan deudas. Resulta paradójico que la estabilidad también se vea perjudicada por todo ese conjunto de protecciones, privilegios y subsidios que los estados han montado con la buena intención de reducir las crisis.

La explicación es que esas protecciones y regulaciones llevan a que el mercado no funcione y no pueda disciplinar a los bancos para que actúen con prudencia. La protección y la excesiva regulación son en parte responsables de que el capital de los bancos haya descendido a cantidades irrisorias en relación con su activo. El exceso de protección lleva a que los agentes del mercado —los ciudadanos y las empresas— no conozcan ni tengan interés en conocer hasta qué punto los bancos arriesgan su dinero y por tanto no puedan ejercer responsablemente su papel de evitar que dichas entidades asuman riesgos excesivos.

Igualmente, como los costes del fracaso de las inversiones de los bancos no los asumen los que participaron en ellas, el mercado no puede imponer su disciplina a estas entidades. En la medida en que los contribuyentes son quienes pagan los costes de los fracasos, deja de funcionar el mecanismo esencial de una economía de mercado según el cual el que arriesga es el que gana, pero también es el que pierde. Como se dice en inglés, para que funcione el mercado es esencial que los agentes se jueguen el pellejo.

La mente humana desconfía del mercado. Tendemos a pensar que lo que se planifica y se regula resultará más ordenado, justamente porque está regulado. Y creemos que si dejamos que cada uno decida lo que quiera resultará en caos y desorden. Solo la experiencia, solo el estudio de por qué unas naciones son más ricas que otras, nos demuestra que sucede al revés: en aquellas más prósperas[4] el Estado suele intervenir menos en las decisiones de los agentes económicos.

Recordemos cuando, antes de la caída del muro de Berlín, comparábamos los sistemas comunistas con los occidentales. En Nueva York el Estado no le decía a ningún empresario qué debía producir ni a ningún tendero qué debía vender, pero el problema de que la gente no pudiera comprar las naranjas que quería y las estanterías estuviesen llenas de boniatos no ocurría en Nueva York sino en Moscú, donde el Estado les decía a productores y distribuidores lo que tenían que producir y vender, con todo detalle.

En páginas memorables, Hayek y Friedman explicaron la paradoja de cómo un sistema que no deja en libertad a sus empresarios puede aumentar los problemas que pretende resolver.

Hay que evitar también el otro error, el de pensar que el mercado es la mejor forma de resolver todos los problemas. En realidad, una buena regulación no es la que

---

[4] Asunto distinto es el de la distribución de la renta y la riqueza.

utiliza más mercado o más Estado. Lo correcto es asignar al Estado y al mercado las tareas que pueden ejercer mejor.

En el caso del sistema bancario actual, el problema es que asignamos al Estado y al mercado lo que peor saben hacer. Por un lado, deja a unas entidades privadas la creación y el registro del dinero digital y, por otro, el Estado protege y regula hasta la asfixia las actividades de prestar y los servicios de pago que podrían ser facilitadas en libre competencia.

El reparto de papeles que propone la reforma de dinero seguro es, por un lado, dejar el dinero en manos del Estado —a través de los entes emisores—; y por otro, acabar con las intromisiones del Estado en la prestación de servicios que podrían realizar perfectamente en competencia entidades privadas.

En el sistema actual el dinero es inseguro y frágil porque no es público, mientras que las actividades bancarias no aprovechan la innovación que se produce cuando hay competencia entre empresas privadas. Con el dinero seguro el Estado se ocuparía de lo que puede hacer mejor, que es garantizar la seguridad del dinero, y se retiraría de las actividades que se adaptan mejor a las necesidades y deseos de los usuarios cuando se deja competir a las empresas sin ahogarlas con regulaciones y protecciones.

En resumen, se puede decir que el diagnóstico que se hizo hace diez años de que la desregulación fue la responsable de la gran crisis podría ser correcto, pero solo mientras sigamos manteniendo como dinero los depósitos bancarios que son un activo con riesgo. En cambio, si pudiéramos disponer de un dinero seguro como los depósitos en los bancos centrales, ese diagnóstico sería totalmente equivocado.

Si dejamos que los ciudadanos tengan acceso al dinero seguro del Ente Emisor, entonces la mejor solución para acabar con las crisis bancarias sería eliminar todas las protecciones, subsidios, privilegios, etcétera, que hoy tienen los bancos y dejar que las actividades puramente bancarias, como los préstamos a familias y empresas y los servicios de pago, las presten en competencia las entidades que quieran.

2

Características de la reforma del dinero digital seguro y la liberalización de la banca

Los servicios que prestan los bancos son muy necesarios, pero los bancos ya no lo son.

Atribuida a BILL GATES, 1997

El consenso general sobre lo que causó la Gran Recesión se puede resumir en «los bancos malos, llenos de banqueros malos, hicieron cosas malas». Sin embargo, este relato no se ajusta a los hechos. Y lo que es peor, desvía la atención del problema real: que estamos usando un mal sistema bancario, un sistema bancario creado para fracasar.

LAURENCE KOTLIKOFF, 2018

RAZÓN DE UN CAPÍTULO PARA DESCRIBIR LA REFORMA DE DINERO SEGURO Y LA LIBERALIZACIÓN DE LA BANCA

Desde que surgieron los bancos algunos economistas se dieron cuenta de que el dinero creado por los bancos era frágil, y a lo largo de la historia se han formulado diferentes propuestas de reformas que se mencionan al final de este capítulo.

Hoy las nuevas tecnologías permiten contar fácilmente con un dinero seguro, como son los depósitos en los bancos centrales, por lo que estas reformas tienen más posibilidades de salir adelante.

Pero antes de presentar los beneficios que justifican dejar de utilizar el dinero creado por los bancos privados, en este capítulo explicaremos en qué consiste la reforma del dinero digital seguro y también qué significa la liberalización y la desregulación del sistema bancario.

Las características de los depósitos en los bancos centrales, las funciones de los entes emisores, lo que puede suceder con los tipos de interés, el destino del dinero creado o la separación del dinero del sistema financiero, son algunas de las cuestiones que trataremos aquí, y que ayudan a entender mejor los beneficios del dinero seguro que se describen en los capítulos posteriores.

LA SEGURIDAD DEL DINERO ES EL ELEMENTO ESENCIAL DE LA REFORMA

El elemento clave de la reforma del dinero seguro es contar con un dinero digital *seguro* en vez del dinero digital bancario actual, que es *frágil* y proclive a generar crisis bancarias.

En la actualidad, los ciudadanos usamos dos tipos de dinero. Por una parte, existe un dinero físico al que llamamos *efectivo* que está compuesto por las monedas y los billetes emitidos por el Banco Central. Por otra, está el dinero de los depósitos en los bancos privados. Antiguamente, este dinero eran anotaciones en los libros de los bancos, pero ahora lo llamamos dinero *digital*, porque son registros en los ordenadores de los bancos privados.

Estas dos formas de dinero se diferencian por su carácter —físico o virtual— y por sus usos más frecuentes; pero desde la visión distinta del dinero que estamos exponiendo, la diferencia fundamental es que mientras las monedas y los billetes son seguros, en el sentido de que no cambian de valor, los depósitos de los bancos pueden perder su valor, como hemos explicado. Después de una reforma de dinero seguro seguirían existiendo los dos tipos de dinero —el físico y el digital—, pero ambos serían igual de seguros porque nunca podrían perder su valor.

Recordemos la actual diferencia entre el dinero digital y el efectivo. Si guardo un billete de cien euros en una caja y al cabo de un año la abro, me encontraré que tengo algo que sigue valiendo cien euros. Pero si deposito cien euros en un banco privado, cuando dentro de un año quiera recuperarlo, quizá el banco pueda reembolsarlo, pero tal vez no, y solo pueda devolverme cuarenta euros.

En realidad, en el sistema actual los bancos nunca dicen a los depositantes que no pueden devolverles el dinero, se lo dicen al Estado, y este se ocupa de poner el capital que haga falta para que reciban los cien euros del ejemplo. Normalmente, el Estado toma dinero de otros ciudadanos —todos los contribuyentes— y lo inyecta en el banco para que pueda devolver esos cien euros.

El dinero físico no necesita que el Estado intervenga para que yo disponga de mis cien euros dentro de un año. En cambio, el dinero de los depósitos bancarios no es en realidad dinero, sino «una *promesa* de devolver dinero». Es una promesa que se puede cumplir, pero también cabe la posibilidad de que el banco no pueda cumplir y tenga que recibir ayuda del Estado.

En el sistema actual hay otro dinero digital —el depositado en los bancos centrales— que es tan seguro como el dinero físico. No cambia de valor con el tiempo. Decimos que es «seguro» porque siempre vale lo mismo, no puede perder valor.

Hoy los billetes que emiten los bancos centrales son seguros, no cambian de valor. Pero no siempre fue así. En el siglo XIX, se usaban como dinero los billetes emitidos por los bancos privados que, como sucede ahora con los depósitos bancarios, tampoco eran propiamente dinero sino promesas de devolver dinero que podían cumplirse o no. Hoy, como ayer, las crisis bancarias se producen cuando los bancos privados no pueden reembolsar el dinero de los depósitos, pero entonces las crisis solían acabar en quiebras cuando los bancos privados no podían reembolsar el dinero prometido en sus billetes.

Debido a la fragilidad del dinero bancario y para evitar las quiebras bancarias, a mediados del siglo XIX se decidió que solo los bancos centrales pudieran emitir el dinero-papel. De hecho, hoy en todos los países todos los billetes son dinero público y seguro; a los bancos privados se les prohíbe crear billetes. La reforma que ahora se propone —el uso del dinero seguro (CBDC)— tiene el mismo propósito: que el dinero digital —los depósitos— lo emitan los bancos centrales para que sea imposible que haya crisis bancarias.

Por tanto, el dinero digital seguro ya existe, el Banco Central tiene unos depósitos de dinero que son absolutamente seguros. El problema del sistema actual es que ahora solo los bancos privados pueden disponer de ese dinero seguro porque está prohibido que el resto de los ciudadanos y empresas puedan tener depósitos en el Banco Central. A esto se añade que en el sistema actual hay una regulación que prohíbe a los ciudadanos tener dinero seguro. De ahí que la reforma de dinero seguro no consista en inventar un dinero nuevo, sino que tan solo proponga suprimir la prohibición de usar el dinero digital seguro para que todos los ciudadanos puedan utilizarlo. Por tanto, el dinero digital seguro existe, pero está «cautivo». Por ello se podría denominar esta reforma como la «liberación» del dinero seguro.

CARACTERÍSTICAS DE UN SISTEMA DE DINERO SEGURO

¿Cómo sería un sistema de dinero seguro que sustituyera al actual dinero frágil? La respuesta a esta pregunta no es inmediata porque no existe una sola propuesta de reforma del sistema actual. Hay varias propuestas con características diversas, pero todas tienen algunas que son fundamentales y comunes, y que resumo a continuación.

La característica más importante de todos los sistemas de dinero seguro es la sustitución del dinero frágil de los bancos privados por un dinero seguro emitido por instituciones públicas, como los actuales bancos centrales. De esta forma, el dinero digital dejaría de ser emitido por empresas privadas que lógicamente quieren y deben maximizar sus beneficios y pasaría a ser emitido por entes públicos, por el Estado, que no tiene interés, sino todo lo contrario, en que el dinero sea inseguro.

Aunque en algunas propuestas de reforma se mantienen durante algún tiempo los depósitos creados por los bancos privados, en la mayoría de ellas se considera que en el estado final no habrá más dinero digital que el emitido por el Banco Central. Sucedería lo mismo que ocurrió con los billetes emitidos por los bancos privados. Estos subsistieron durante algún tiempo, pero hoy en ningún país del mundo los bancos privados emiten billetes.

La denominación más utilizada para referirse al dinero digital seguro es CBDC (las siglas en inglés de *central bank digital currency*). La denominación CBDC se ha utilizado también para otras propuestas de emisión de los bancos centrales de monedas digitales de uso limitado, bien para sustituir el efectivo, bien para que lo utilicen exclusivamente los bancos centrales. La propuesta de dinero digital seguro es la de un CBDC que no es de uso limitado sino accesible universalmente. Cualquier ciudadano podría tener depósitos en el Ente Emisor.

Lo importante es que el dinero será seguro si está respaldado al ciento por ciento por el Estado, como sucede con los billetes. La fórmula concreta de este respaldo puede ser muy variada. Una posibilidad es que los ciudadanos tuvieran directamente acceso a los depósitos en el Banco Central, pero podrían hacerlo también a través de entidades registradas de manera adecuada.

En el pasado, las propuestas de dinero seguro que se hicieron después de la Gran Depresión y que se denominaron FRB (las siglas en inglés de *full reserve banking*), en apariencia mantenían los depósitos en los bancos privados, pero en realidad, al dividir los bancos en dos entidades y estar respaldados al ciento por ciento por depósitos en el Banco Central, tenían la misma seguridad que los depósitos de los bancos centrales.

Esta propuesta de reforma ha quedado obsoleta debido a los avances en la computación y el almacenamiento de datos digitales. Entonces no era técnicamente posible que todos los ciudadanos pudieran tener una cuenta corriente en el Banco Central. Hoy día esto no plantea problemas. Pero con una tecnología más primitiva, aquella propuesta de reforma fue pionera en el intento de solucionar los problemas de fragilidad del dinero y es comparable a las propuestas actuales.

La característica de que el dinero sea creado y mantenido en los bancos centrales no solo diferencia el sistema de dinero seguro del sistema actual, sino también la reforma de dinero seguro de otras propuestas de reforma monetaria que no garantizan la seguridad y estabilidad del dinero, como pueden ser, por ejemplo, las que proponen nacionalizar la banca, las de crear bancos públicos, o las de regular aún más estrictamente la capacidad de actuación de los bancos privados.

Al margen de los problemas que pueden tener en cuanto a la asignación de recursos —ya que introducen al Estado en la tarea de dar créditos—, estas reformas tampoco consiguen que el dinero sea seguro, ya que el dinero de los depósitos sigue siendo invertido por las entidades, con lo que las posibilidades de ser recuperado por los depositantes dependen del éxito o el fracaso de la inversión de ese dinero hecha por los bancos, ya sean privados o públicos.

En realidad, el sistema de dinero digital seguro es muy parecido al sistema actual y solo se diferencia en la seguridad. Por ejemplo, la política monetaria en el nuevo sistema existirá como en la actualidad. El Ente Emisor independiente, por medio de la política monetaria, se encargará, como ahora, de que la cantidad de dinero y sus efectos sobre los tipos de interés consigan que no haya ni una deflación ni una inflación por encima del objetivo fijado.

Además, la política monetaria en un sistema de dinero seguro sería más eficaz que la que se aplica en un sistema como el actual de dinero frágil, ya que podría aumentar la cantidad de dinero sin incrementar la deuda. Con todo, ambos sistemas son muy parecidos en cuanto a su capacidad de corregir los problemas que pudieran surgir a causa de una inadecuada oferta monetaria.

Esta es la razón de que tanto el sistema actual como el de dinero seguro se diferencien de otros sistemas monetarios que mantienen rígida e inmodificable la oferta monetaria. Por ejemplo, sistemas como el del patrón oro o el del bitcoin no dejan posibilidad alguna de discrecionalidad a los entes encargados de la política monetaria, y tienen el problema de no poder reaccionar ante episodios de inflación o deflación que pueden ser dañinos.

Además de estas características esenciales de todas las propuestas de dinero seguro, hay otras características concretas o particulares que forman parte de distintas propuestas de reforma que comentaremos en los siguientes apartados.

LAS FUNCIONES DEL ENTE EMISOR O BANCO CENTRAL

Hay algunas funciones importantes de los bancos centrales que seguirán realizando los nuevos entes emisores, aunque de forma distinta. Estas funciones son las que justifican que se considere a los entes emisores del nuevo sistema como los sucesores de los actuales bancos centrales. Pero para entender cómo funcionaría el nuevo sistema, en primer lugar hay que señalar las diferencias.

Una diferencia es que el Ente Emisor tendría en exclusiva la facultad de crear dinero. Hoy esta facultad no la ejercen prácticamente los bancos centrales porque en el actual sistema los que deciden crear la mayoría del dinero son los bancos privados. Ahora los bancos centrales solo pueden intentar influir en la cantidad de dinero creado. Lo hacen indirectamente a través del tipo de interés al que prestan a los bancos o por medio de compras o ventas de activos financieros en el mercado.

La facultad de crear dinero es, junto a la de registro, la única función importante que tendrían los nuevos entes emisores y que prácticamente no tienen los actuales bancos centrales. Sin duda, es una función tan importante como para considerarla el núcleo del nuevo sistema. La creación de dinero pasaría a ser una función pública ejercida por entes públicos, mientras que en el actual sistema la ejercen empresas privadas cuyo principal objetivo es, lógicamente, obtener beneficios.

Pero el resultado de la comparación entre ambas instituciones también muestra que los nuevos entes emisores del dinero seguro tienen menos facultades, o si se prefiere, bastante menos poder, que los actuales bancos centrales. En efecto, los actuales bancos centrales tienen el importante poder de comprar y vender activos financieros mientras que los entes emisores del nuevo sistema no tendrían esta facultad. Basta con observar lo que ha pasado durante la reciente crisis. Los bancos centrales de los principales países han podido comprar billones de euros, dólares, libras o yenes.

Otro aspecto importante es la contabilidad que se aplica a los bancos centrales. En el sistema actual se supone que el dinero es un pasivo de los bancos privados y que está respaldado por los activos del Banco Central. Esta es una visión heredada de los antiguos sistemas de patrón oro, cuando el dinero estaba respaldado por el oro. Pero la confianza en el dinero actual no reside en los activos que tenga el Banco Central, sino en la confianza en que el Estado, por medio de estos entes públicos independientes, se comprometa a conseguir que su moneda no se devalúe en relación con el nivel de precios de la economía.

En los actuales sistemas monetarios la confianza en la moneda no reside ya en el oro que haya en las bóvedas del Banco Central. Tampoco son los demás activos del Banco Central los que generan confianza en la moneda, sino que depende de la seriedad de la política monetaria que se aplique.

En el nuevo sistema el Ente Emisor no tendría el poder que poseen hoy los bancos centrales porque no tendría capacidad para comprar y vender activos financieros de otros entes, privados o públicos. Una vez que el Ente Emisor decidiera la cantidad de dinero necesaria para que se mantuviese la estabilidad monetaria, inmediatamente pondría ese dinero a disposición de los ciudadanos, bien directamente ingresándolo en sus cuentas corrientes, bien indirectamente transfiriéndolo al Estado, como hoy día se hace con el señoreaje.

Quienes entonces podrían decidir comprar o vender activos financieros serían los ciudadanos, porque ellos serían los dueños del dinero y no el Ente Emisor público. El Ente Emisor registraría las cuentas corrientes de los ciudadanos, pero la propiedad del dinero que habría en ellas no sería suya. El Ente Emisor pasaría a ser una especie de registrador de la propiedad/dinero y ejercería una función de registro similar a la realizada por los registros de la propiedad inmobiliaria.

Hay otro grupo de funciones que hoy tienen los bancos centrales que se utilizan para proteger a los bancos, diseñadas para cuidar sus cuentas de resultados y para evitar colapsos del sistema financiero cuando la solvencia de los bancos está en peligro. Estas funciones tampoco las tendrían los entes emisores en el nuevo sistema, pues como el dinero dejaría de ser frágil, ya no habría ninguna razón que justificara proteger a los bancos ni a ninguna otra institución del sistema financiero.

Así, los entes emisores no tendrían la capacidad de inyectar liquidez en instituciones privadas como hacen ahora los bancos centrales en sus operaciones de ayudas de liquidez a los bancos, especialmente en momentos de crisis a través de la facultad denominada «prestamista de última instancia». Los nuevos entes tampoco podrían remunerar las cuentas corrientes que tienen los bancos privados en el Banco Central ni, por supuesto, inyectar capital en los bancos privados cuando estos hubieran perdido solvencia. No podrían ayudar a los bancos ni a ninguna otra entidad financiera.

Los entes emisores también dejarían de tener las funciones de ayuda a los bancos que hoy ejercen los bancos centrales en lo que se refiere al sistema de pagos, pues este pasaría a ser un sistema fundamentalmente privado y en competencia en el nivel minorista. Si fuera necesario apoyar a las entidades privadas con infraestructuras públicas, esta ayuda sería facilitada a todas las entidades que formen parte del sistema de pagos y no en exclusiva a los bancos.

Los nuevos entes emisores tampoco podrían facilitar financiación a los estados o a los gobiernos. Es verdad que en los últimos años, además de los avances en una mayor autonomía de los bancos centrales, ha habido cierto progreso en dificultar la financiación directa de estados y gobiernos. Hoy la mayoría de los bancos centrales no pueden comprar bonos o títulos del Estado directamente en el mercado primario, ni tampoco dar crédito al Gobierno.

Pero, pese a esas prohibiciones, los bancos centrales todavía pueden comprar títulos de Gobierno a los bancos o en los mercados. Durante la crisis vimos, por ejemplo, cómo el Banco de Inglaterra compró un volumen de títulos del Estado superior al volumen de emisiones del Tesoro británico en el mismo periodo. Aunque no se hayan hecho directamente al Tesoro, tales compras son una ayuda inestimable a la financiación de los gobiernos y es algo que no podría hacer el nuevo Ente Emisor. Más adelante veremos que, para conseguir esto, es muy importante el rango y estabilidad de la norma que apruebe el destino del dinero creado.

Finalmente, podemos señalar algunas funciones de los entes emisores del nuevo sistema que son similares a las de los actuales bancos centrales. La función más importante que es común a ambos entes de los dos sistemas es diseñar y aplicar la política monetaria. Hay diferencias en cuanto a los instrumentos de la política monetaria, porque serían más potentes y eficaces en el nuevo sistema que en el sistema actual, pero las funciones son similares desde el punto de vista del encargo de evitar deflaciones o inflaciones por encima del objetivo fijado.

Otra facultad que tienen los bancos centrales del sistema actual y que también tendrían los entes emisores del nuevo sistema es abrir cuentas corrientes a disposición de usuarios diversos. Actualmente, los bancos centrales disponen de cuentas corrientes y también las tendría el Ente Emisor de dinero seguro. La única y decisiva diferencia es que en el sistema actual solo tienen derecho a contar con cuentas corrientes en el Banco Central los gobiernos y los bancos privados, y en el nuevo sistema podrían tenerlas también el resto de los ciudadanos.

EL TIPO DE INTERÉS DEL DINERO

El dinero que usamos hoy, es decir, los depósitos en los bancos privados, no tiene remuneración alguna. Los bancos no pagan ningún interés por los depósitos. Incluso para grandes cantidades los bancos cobran un interés negativo. Pero esta es una situación rara y coyuntural, derivada de una política monetaria expansiva e intervencionista que ha llevado a reducir al máximo los tipos de interés. Y algunos bancos centrales, como el Banco Central Europeo, cobran un interés negativo a los bancos por el dinero que depositan en sus cuentas.

Podemos preguntarnos si al pasar a un sistema en el que los bancos centrales creen el dinero, estos deberían aplicar un tipo de interés a sus depósitos. En principio, el dinero no debería tener un tipo de interés. Este, como las primas o cualquier otra clase de remuneración de los contratos financieros, es un elemento usual del sistema financiero cuando se asume algún tipo de riesgo, porque es posible que la promesa de recuperar el dinero o la prestación de algún otro servicio no se cumpla.

Si seguimos comparando el dinero digital con el dinero-papel, veremos que una de las características de este último es que nunca se obtiene un rendimiento por la posesión de los billetes. En el pasado, cuando se remuneraban las cuentas corrientes, un depósito de 1.000 euros en un banco podía convertirse al cabo de un año en un depósito de 1.007,5 euros. Sin embargo, los 1.000 euros que uno podía tener, por ejemplo, en 10 billetes de 100 euros, después de un año seguían valiendo 1.000 euros, ni más, ni menos.

La idea de que los depósitos en los bancos centrales podrían ser remunerados surge de suponer que son activos equivalentes a los depósitos en los bancos privados. Pero, como hemos explicado, son muy distintos en cuanto a su seguridad. En el caso de los depósitos en los bancos privados, su remuneración estaba justificada porque existía un riesgo de que los bancos no pudieran devolver los depósitos. Y los bancos podían competir para captar depósitos ofreciendo remuneraciones distintas a los mismos. Pero en el caso de los depósitos en los bancos centrales no tiene sentido remunerarlos, pues ese dinero no tiene riesgo ni compite con ningún otro activo del sistema financiero.

Hay otras razones que han llevado a algunos economistas a proponer que el nuevo dinero —el CBDC—

debería ser remunerado. Creen que la única forma de implementar una política monetaria es, como se hace ahora, influyendo en los tipos de interés; y también que no sería posible instrumentar la política monetaria en el futuro si el Banco Central no pudiera manipular, controlar o fijar el tipo de interés de sus depósitos. Cuando veamos cómo funciona la política monetaria en el nuevo sistema, comprobaremos que no es en absoluto necesario que el Banco Central controle directamente los tipos de interés y por tanto no tiene por qué remunerar sus depósitos para aplicar una política monetaria efectiva.

Este sentimiento de angustia, de sensación de impotencia de las autoridades monetarias se exacerbó en especial después de la crisis, cuando los bancos centrales llegaron a fijar los tipos de interés en el 0 por ciento y necesitaban hacer aún más expansiva la política monetaria. Esto llevó a que algunos bancos centrales como el Banco Central Europeo aplicaran a las reservas de los bancos privados tipos de interés negativos, y la preocupación de quedarse sin instrumentos se trasladó al plantearse el diseño de una posible emisión de dinero digital realizada por los bancos centrales (CBDC). Pero en el nuevo sistema no tiene sentido remunerar estos depósitos porque, al poder aumentar la creación de dinero directamente y no a través de los tipos de interés, no es necesario que los depósitos tengan un tipo de interés para ser utilizado como un instrumento de política monetaria.

Dicho esto, y dada la dificultad de desprenderse de la herencia mental del sistema anterior, no es raro que la introducción de dinero seguro pudiera empezar con depósitos remunerados. Sería un error, pero, siendo pragmáticos, no habría que rechazar un sistema de CBDC que nazca con la posibilidad de aplicar un tipo interés al dinero si esta característica se considera esencial para obtener un mayor consenso a favor de acabar con el dinero frágil, pues los beneficios fundamentales de estabilidad y eficiencia del CBDC se conseguirían igualmente.

Hay otra razón para no aplicar un tipo de interés al dinero y es que el mensaje de separación del dinero del sistema financiero es muy claro: todos los activos con remuneración forman parte del sistema financiero, mientras que el dinero no tiene remuneración alguna. En cierto sentido, no forma parte del sistema financiero. Es un activo muy útil para los contratos financieros, pero justamente porque es un activo seguro, un activo sin riesgo. Con el dinero ni se gana ni se pierde. La ausencia de tipo de interés en el dinero es una consecuencia de que no se corre ningún riesgo. Si alguien quiere ganar dinero tiene que pasar al sistema financiero y elegir la rentabilidad que desee, pero también debe saber que asume un riesgo.

Es algo distinto, y no habría problema en que el Banco Central pagase algún tipo de interés si tuviera que emitir algunos títulos para disminuir la cantidad de dinero. Aunque en el nuevo sistema el Ente Emisor tendría una capacidad muy importante de aplicar una política monetaria restrictiva, simplemente a base de no aumentar la cantidad de dinero, podría ser razonable que para casos contados se le dotara de la facultad de emitir títulos para reducir la oferta de dinero. Pero en tal caso el Banco Central estaría pagando intereses sobre unos títulos que serían del todo distintos de los del dinero, es decir, de los depósitos en las cuentas corrientes.

DESTINO DEL DINERO CREADO POR EL ENTE EMISOR

En el sistema actual ni el Estado ni el Banco Central obtienen ningún beneficio por aquella parte del dinero digital que crean los bancos privados, es decir, los depósitos. Sin embargo, en el sistema de dinero seguro, como el Ente Emisor es el que crea el dinero digital, surge un beneficio que disfrutarán aquellos que reciban dicho dinero. Y este beneficio puede ser importante. El beneficio sería la cantidad de dinero creada por el Ente Emisor menos los costes del registro y otros gastos de este.

Por ello es importante concretar quién recibirá ese dinero. Se trata de un «detalle» del nuevo sistema que es importante también para determinar los efectos de la política monetaria. Según quien sea el destinatario del dinero creado los efectos en cuanto al gasto pueden ser distintos, y también puede tener distintos efectos distributivos.

Una de las posibilidades de distribución del dinero creado es seguir el mismo sistema de distribución de los beneficios del Banco Central en el sistema actual. Ahora estos beneficios se transfieren directamente al Estado y se utilizan en lo que determine el Parlamento: en inversión pública, gasto social, reducción de impuestos, etcétera.

Otra posibilidad es que el dinero creado se distribuyera entre los ciudadanos, transfiriéndolo a las cuentas corrientes que tengan en el Ente Emisor. Como puede imaginarse, hay muchas más posibilidades de distribución de ese dinero. Por ejemplo, que la mitad del nuevo dinero creado vaya al Estado y la otra mitad a los ciudadanos, o que vaya a algunos ciudadanos en concreto, o que se entregue al Gobierno central pero también a las regiones, etcétera.

Dado que en el sistema de CBDC no se exige que lo devuelva quien lo recibe, este dinero se convierte en algo muy deseado. Por ejemplo, si el Estado quiere incrementar su gasto, en el sistema actual solo puede hacerlo aumentando los impuestos a los ciudadanos o, si no quiere subirlos, tiene que emitir deuda pública que deberá devolver en el futuro a quien se lo prestó con los ingresos que obtenga de los contribuyentes futuros. Sin embargo, las transferencias del dinero creado en el nuevo sistema tienen la ventaja de que el Estado puede incrementar su gasto sin tener que aumentar los impuestos ni emitir deuda pública. Y lo mismo se puede decir en el caso de que el dinero se transfiera a los ciudadanos, porque recibirían un dinero sin necesidad de comprometerse a devolverlo, esto es sin haberse endeudado con los bancos.

Decidir quién va a recibir este dinero es una característica o detalle importante del nuevo sistema, pero no es determinante desde el punto de vista de obtener el beneficio más importante de él: la estabilidad financiera, la imposibilidad de que se repitan las crisis bancarias.

Otro asunto relevante es concretar quién debe decidir el destino de ese dinero. Si lo que queremos es que el Ente Emisor sea una institución independiente y fundamentalmente técnica no se le debería dejar que adoptara esta decisión ya que es en esencia política. Lo normal sería que lo decidiera el Parlamento.

Por último, es importante también el rango que debería tener esa norma tanto para aprobarla como para modificarla. Por un lado, si fuera una ley ordinaria el Parlamento podría modificarla con facilidad y eso llevaría a una politización de la creación de dinero. Por otro, aunque menos importante, también interesa que la norma sea de suficiente rango para que no haya demasiados cambios en la determinación de quién debe recibir este dinero, puesto que, como se ha dicho, el destino afecta a la política monetaria y su estabilidad haría más fácil predecir sus efectos sobre la demanda.

LA SEPARACIÓN DEL DINERO DEL SISTEMA FINANCIERO

Hemos visto cómo el dinero digital emitido por los bancos centrales es distinto del creado por los bancos privados. Los depósitos en bancos privados son también anotaciones digitales, pero aunque se utilizan como si fueran dinero, en realidad son activos financieros cuyo valor puede variar como resultado de las inversiones realizadas por los bancos o por la dificultad de convertir sus inversiones en dinero.

Cuando hay crisis bancarias se ve muy bien que los depósitos en bancos privados no son dinero seguro, sino activos financieros. En esos casos, cuando los «depositantes» solicitan que se les reembolse el dinero «depositado», los bancos no pueden devolvérselo, salvo que el Estado vaya en su ayuda. No pueden devolvérselo porque esos depósitos no son dinero seguro. O, si se prefiere, es un dinero «frágil».

Uno de los problemas del sistema actual, que utiliza activos financieros como si fueran dinero, es que esos activos no se diferencian del resto de los activos financieros más que por el plazo al cual están obligados a devolverlos, que es muy corto. Pero no por eso dejan de ser activos financieros, es decir, tienen el riesgo de no poder devolver el dinero que les han entregado los clientes para su custodia.

De ahí que en el análisis económico del sistema actual ese dinero frágil o «pseudodinero» suele ser considerado por los analistas como si fuera el activo financiero más líquido de todos los activos financieros del sistema. El dinero de los depósitos en los bancos privados es la parte extrema del conjunto de activos financieros cuando se ordenan por su liquidez.

Sin embargo, en el sistema de dinero digital emitido por el Banco Central el dinero no es un activo financiero, sino que está totalmente separado del sistema financiero. Se trata de un activo que no tiene el riesgo de que varíe su valor nominal. Es un elemento esencial para las negociaciones en el sistema financiero, de la misma forma que es un instrumento insustituible para las negociaciones y transacciones en el mercado de bienes y servicios.

Ese dinero no es un activo financiero ni un bien físico, sino un activo muy especial. Es la posibilidad abstracta de poder comprar bienes o pagar servicios. Ese dinero es el punto de intersección entre el sistema financiero y el sistema de producción de bienes y servicios.

La separación del dinero del sistema financiero tiene una trascendencia enorme porque permite separar absolutamente la regulación del dinero de la regulación del sistema financiero. La regulación del dinero, esto es, la regulación del Ente Emisor, de la política monetaria, del destino del señoreaje, etcétera, debería ser una regulación pública, es decir, debería regirse por el derecho administrativo o el derecho constitucional. La normativa sobre la creación del dinero, la asignación del señoreaje al Estado o a los ciudadanos, las posibles operaciones de política monetaria, etcétera, no tienen nada que ver con la regulación de un mercado porque no son operaciones de agentes privados ni de mercado.

Por supuesto, los ciudadanos podrían seguir haciendo operaciones en los mercados del sistema financiero y en los mercados de bienes y servicios con el dinero que posean. Las actividades en esos mercados están dirigidas y controladas por los propios agentes económicos a través de sus contratos y acuerdos. Por ello la regulación de estos mercados corresponde al derecho mercantil o al derecho financiero, así como a la regulación de la competencia, de la transparencia de las cuentas de las entidades, de asegurar la información de los participantes en mercados públicos, de exigir la solidez de las infraestructuras de los mercados, de la protección de consumidores y usuarios, etcétera.

La separación del dinero del sistema financiero justifica la eliminación de la regulación proteccionista de empresas concretas y de la regulación intervencionista que les dice a los agentes económicos qué riesgos tienen que asumir, o cuánto capital han de tener sus empresas, o cuántos activos líquidos deben tener, cómo deben remunerar a sus empleados, etcétera. Toda esta regulación excepcional es necesaria en la actualidad porque utilizamos como dinero un activo financiero. Un activo que es frágil por naturaleza, por lo que el Estado no puede permanecer al margen de lo que hagan las empresas que lo crean —los bancos—, ya que su solidez es fundamental para evitar las catástrofes económicas que suceden cuando esos activos entran en crisis.

El dinero es una «capacidad de comprar» en potencia. Pero en el momento en que se utiliza, tanto en el mercado de bienes y servicios como en los mercados financieros, deja de tener esa cualidad y pasa a convertirse en un bien, en un servicio o en un activo financiero, pero deja de ser dinero, pierde esa capacidad de comprar en potencia, que es lo que lo caracteriza. En el momento en que alguien hace un contrato financiero, presta su dinero a un banco o a cualquier entidad financiera, con la promesa de recibir a cambio algún tipo de contraprestación, como la devolución de la misma cantidad depositada o de una mayor, de inmediato pierde la capacidad de compra de la cantidad que ha transferido a esa entidad financiera. Pero lo importante aquí es darse cuenta de que la cantidad depositada ha dejado de ser dinero y pasa a ser un activo financiero. Reconocer esto es fundamental, porque el individuo debe saber que ya no goza de la protección del Estado, que le asegura la capacidad de compra del dinero mientras este siga siéndolo.

En un sistema de dinero seguro, al entrar en el sistema financiero el individuo dejaría de tener dinero y por tanto perdería el derecho a solicitar al Estado que le devolviera la cantidad invertida en un activo financiero porque esa inversión no salió bien, como esperaba cuando suscribió el contrato financiero. A diferencia de lo que sucede ahora, el Estado ya no tendría que utilizar el dinero del contribuyente para dárselo a un ciudadano que arriesgó su dinero en un contrato financiero en vez de dejarlo en la cuenta corriente del Banco Central, como hicieron otros ciudadanos. Lo que sí seguiría haciendo el Estado es poner en marcha todo su aparato de policía, administración, jueces, etcétera, para garantizar que se haya cumplido la legislación mercantil, de protección de los consumidores, antifraude, etcétera.

Obsérvese que lo que sucede con el dinero seguro cuando pasa al sistema financiero es lo mismo que ocurre ahora cuando el dinero entra en el mercado de bienes y servicios. Desde el momento en que alguien compra unas manzanas o una casa, deja de tener dinero y pierde la capacidad de compra. Esa capacidad de compra es traspasada al vendedor de las manzanas o de la casa. Pero, una vez realizado el contrato, los ciudadanos no pueden pedirle al Estado que, con el dinero de los contribuyentes, le dé el dinero que entregó al vendedor. Lo único que puede hacer el Estado en tales casos es asegurar que las leyes se cumplan y que, a través de los órganos administrativos o judiciales pueda repararse, totalmente o en parte, el daño causado por el vendedor que las hubiera incumplido.

Por eso la regulación prudencial que antes se aplicaba a los bancos desaparecería por innecesaria, ya que hasta ahora tenía sentido solo porque esos activos financieros —los llamados depósitos— eran percibidos y utilizados como si fueran dinero. En el nuevo sistema, el mercado de préstamos sería un mercado puramente financiero, separado del dinero, y por ello se le aplicaría la misma regulación económica que se aplica hoy al resto del sistema financiero o al sistema de producción y venta de bienes y servicios. Esto es, las actividades de préstamos pasarían a regirse por el mercado y por el derecho subsidiario de regulación de los mercados.

LA LIBERALIZACIÓN DEL MERCADO DE PRÉSTAMOS Y DE LOS SERVICIOS DE PAGOS

Es lógico que, de todos los beneficios que se obtienen al pasar a un sistema de dinero digital seguro, el que más interese sea el de acabar con las crisis bancarias. El daño que causan esas crisis es inmenso y por ello la mayoría de las personas entienden bien el beneficio de contar con un dinero seguro. Pero no debemos subestimar que dejar a todos los ciudadanos usar los depósitos seguros del Banco Central proporciona otro gran beneficio: liberar el mercado de préstamos y los servicios de pago. Este beneficio es el resultado de pasar de una situación de excesivo intervencionismo y proteccionismo a un funcionamiento del libre mercado y competencia. Se trata de un beneficio muy importante, aunque la población no lo percibe así fácilmente.

Mucha gente comprende los beneficios de la estabilidad y seguridad que proporcionaría permitir usar los depósitos en los bancos centrales, pero no imagina cómo funcionarían las actividades bancarias —préstamos y servicios de pago— en el nuevo sistema. Las personas saben que los bancos les hacen transferencias, les dan tarjetas de crédito, hipotecas, les financian viajes, etcétera. Pero se preguntan ¿quién hará todo esto si estas actividades se liberalizan?

Estas dudas, e incluso el temor ante la perspectiva de acabar con un sistema que hasta ahora ha estado regulado y protegido por el Estado se producen siempre ante todas las propuestas de liberalización. Desde Adam Smith la idea de «dejar hacer» ha sido difícil de aceptar no solo por los que pierden privilegios, sino también por los que saldrían ganando con la libertad. Porque no creen que sin órdenes ni regulación del Estado se podría tener lo mismo que ahora se obtiene bajo su protección. Y no se obtiene lo mismo, sino algo mejor porque al liberalizar se desatan las fuerzas de la innovación.

La liberalización ha sido siempre una tarea difícil porque los perjuicios causados a los que disfrutaban de las protecciones anteriores son evidentes, y por eso reaccionan en contra de los cambios; sin embargo, los beneficios para el conjunto de la población no se pueden medir antes de liberalizar. Sabemos que serán muy importantes, pero no se pueden dar más detalles, ya que una de las ventajas de pasar a actuar en un mercado en competencia es que la imaginación y la innovación se ponen en marcha al servicio de los ciudadanos, y por tanto es difícil predecir qué sucederá en concreto. Aunque sabemos que iremos a mejor, desconocemos exactamente cómo.

En este capítulo hemos hablado sobre todo de lo que hay que hacer para que el dinero sea seguro, y hemos visto que las regulaciones que se tienen que introducir son muy pocas. Y en el caso de la liberalización del mercado de préstamos aún hay que regular menos. Prácticamente todo lo que hay que hacer es suprimir las regulaciones prudenciales bancarias y adaptar las normas que se aplican ahora al resto del sistema financiero al mercado que antes monopolizaba la banca, concretamente al de préstamos a familias así como a pequeñas y medianas empresas.

En cuanto a la liberalización de los servicios de pago habrá que regularlos para garantizar la mayor competencia posible. En este caso lo que habría que hacer es muy parecido a lo que ha intentado la Unión Europea con la directiva de servicios de pago, llamada PSD2. El objetivo de esa directiva es aumentar la competencia y la participación en la industria de pagos de entidades no bancarias, y obliga a los bancos a que concedan a terceros el acceso a las cuentas de sus clientes. Esta competencia sería más fácil de conseguir en un sistema de dinero seguro en el que los depósitos estuvieran en el Banco Central, ya que este, al no prestar servicios de pago, no tendría ningún interés, como ahora tienen lógicamente los bancos, en obstaculizar a ningún competidor.

BREVE HISTORIA DE LA IDEA DEL DINERO PÚBLICO SEGURO

Los que proponen el dinero seguro tienen una visión del dinero y la banca diferente de la mayoría. Es una visión distinta, pero no nueva. La observación de que el dinero colocado en los bancos privados es un dinero frágil no es reciente, es más bien antigua. Desde que existen los bancos hay crisis bancarias, y estas son la manifestación palpable de tal fragilidad. Sin embargo, la idea de que esa fragilidad es algo consustancial al sistema monetario tardó en aparecer. En efecto, en el pasado la aparición de las crisis bancarias no se atribuía al propio sistema bancario, a su esencial fragilidad, sino a la maldad o la incompetencia de los banqueros, a la manipulación de los gobernantes, a la dejadez de los supervisores, etcétera.

Pero siempre hubo economistas que se dieron cuenta de los problemas que tenía el sistema bancario, al que llamaron de «banca fraccionaria», porque los bancos privados no tenían depositado todo el dinero que les confiaban los ahorradores. Jesús Huerta de Soto describe bastante bien esta historia intelectual en su libro *Dinero, crédito bancario y ciclos económicos*.

Durante mucho tiempo, aunque algunos economistas tenían muy claro que el sistema bancario era perverso, no existía una alternativa al dinero creado por los bancos privados. Por ello, la reacción ante esos problemas creados por la banca privada no fue sustituirlos por un nuevo sistema de dinero seguro, sino aumentar la protección del Estado a los bancos privados o incrementar la regulación para disminuir los riesgos que podrían asumir. Se trataba, pues, de reducir los daños que creaban los depósitos bancarios, pero se intentaba hacer sin cambiar el sistema monetario.

A partir del siglo XIX se empezaron a plantear propuestas y reformas del sistema monetario para sustituir al sistema entonces vigente. La más famosa fue la denominada de «patrón oro», que fue adoptada en algunos países. No obstante, esta reforma no acabó con las crisis bancarias porque los bancos privados siguieron emitiendo promesas de pago. El dinero bancario tomaba la forma de promesas de devolver el oro depositado cuando el oro realmente depositado en sus cajas no cubría todas las promesas emitidas, y por tanto el dinero bancario seguía siendo un dinero frágil, propenso a generar crisis bancarias. Pero no merece la pena dedicar más tiempo a comentar esta reforma, ya que la polémica sobre el patrón oro no se centró en el problema de la seguridad del dinero sino en sus virtudes —según sus defensores— para evitar inflaciones, o en su rigidez —según sus detractores—, en su falta de flexibilidad para adaptar la oferta de dinero al crecimiento de la economía.

La historia concreta de la idea que nos ocupa, esto es, la que propone que el dinero sea emitido por el Banco Central, tiene tres momentos que merece la pena considerar: 1) la Ley Peel de 1844 en Inglaterra, por la cual se prohibió a los bancos privados seguir emitiendo billetes, es decir, papel moneda, y se concedió al Banco de Inglaterra el monopolio de la emisión de dinero en efectivo; 2) la propuesta denominada Plan Chicago planteada en Estados Unidos en la década de 1930; y 3) las propuestas de emisión de dinero digital por parte de los bancos centrales que han surgido unos años después de la crisis bancaria internacional que estalló en 2008.

La Ley Peel de 1844 fue el paso final de un debate muy intenso que se produjo en la primera mitad del siglo XIX en Inglaterra entre los partidarios de la *banking school* y la *currency school*. Esta última era la partidaria de que todos los billetes fueran emitidos por el Banco de Inglaterra, y fue la que se plasmó en la Ley Peel. El resultado de la reforma fue un éxito, ya que desaparecieron las crisis bancarias producidas por la imposibilidad de reembolsar el dinero de los billetes emitidos por los bancos privados.

Pero no se acabó con todas las crisis porque no se prohibieron los depósitos en los bancos privados; estos fueron creciendo de manera considerable en todos los países, de tal forma que sustituyeron casi por completo a los billetes, por lo que esos depósitos tuvieron el mismo problema de fragilidad que había tenido antes el papel moneda. En consecuencia, las crisis bancarias subsistieron e incluso fueron más graves debido al aumento de la bancarización y al proceso de concentración bancaria, que fue creciente y acabó produciendo crisis muy graves como la de Estados Unidos de 1907, que dio lugar a la creación de la Reserva Federal, o la de los años treinta, que produjo cambios muy importantes en la regulación como la Ley Glass-Steagall y la creación de los seguros de depósitos.

Precisamente en la crisis de la década de 1930 se produjo el segundo hecho relevante en la historia de la idea del dinero seguro. En efecto, varios economistas, entre los cuales se encontraba Irving Fischer, propusieron al presidente Franklin Delano Roosevelt que todos los depósitos bancarios estuvieran respaldados al ciento por ciento por depósitos en el Banco Central. Esta propuesta tuvo diferentes denominaciones en los distintos documentos presentados en aquellos años, pero se ha convenido en llamarlo Plan Chicago porque la mayoría de esos economistas trabajaban en la Universidad de Chicago.

Entonces era impensable —e imposible— que todos los ciudadanos estadounidenses pudieran tener sus cuentas corrientes en la Reserva Federal. Esta cuestión ahora no tiene ningún problema debido a las capacidades de almacenamiento y computación de los ordenadores actuales, pero lo que se propuso entonces fue que los ciudadanos continuarían depositando su dinero en los bancos privados, aunque estos tendrían que dividirse en dos entidades.

Una de las dos entidades sería una pura entidad de depósito con la única función de trasladar los depósitos de los ciudadanos a los de la Reserva Federal. De esta forma, el dinero depositado sería totalmente seguro. La otra entidad se dedicaría a otorgar préstamos, pero para ello no podría utilizar el dinero depositado por los ciudadanos en la otra entidad, sino que tendría que pedirles que, como ahora se hace al invertir en un fondo de inversión, le entregaran su dinero para invertirlo en los préstamos.

Al parecer, Roosevelt dudó si introducir o no esta reforma, pero al final el *lobby* bancario le convenció de que la fragilidad también se podía evitar si se creaban los seguros de depósitos sin necesidad de exigir a los bancos que se dividieran. En realidad, con los seguros no disminuía la fragilidad de los depósitos, lo único que se conseguía era que cambiara la percepción de esa fragilidad, que los depositantes pensaran que eran seguros y que los costes de la fragilidad los pagara el Estado.

Este es un ejemplo típico de esas decisiones nefastas que son determinantes en el curso de la historia. Porque quizá, de todas las protecciones que tienen los bancos, el seguro de depósitos es el que más ha perjudicado el funcionamiento del mercado al desaparecer toda posibilidad de que los depositantes puedan ejercer alguna disciplina de mercado sobre los bancos.

Finalmente, ha sido después de la gran crisis de Lehman Brothers cuando por tercera vez han vuelto a surgir las ideas que proponen acabar con la fragilidad de los depósitos bancarios. Estas ideas han renacido de forma muy dispersa. Por un lado, partieron de académicos como Huber, Prescott, Cochrane, Kumhof y pocos más. Y esta vez tuvieron bastante importancia los movimientos de activistas a favor de esa idea como Positive Money en Inglaterra, Monetative en Alemania, Vollgeld en Suiza, Ons Geld en Holanda y otros, que hoy día se reúnen en una asociación denominada Movimiento Internacional por la Reforma Monetaria (IMMR, por sus siglas en inglés).

Tampoco hay que olvidar la importancia de los trabajos que se empezaron a realizar en el Banco de Inglaterra y que, por desgracia, el proceso del Brexit ha paralizado. Los documentos del Banco de Inglaterra sobre la creación de dinero han sido decisivos para acabar con ideas erróneas sobre el papel de los bancos privados, que increíblemente seguían defendiendo economistas muy prestigiosos.

Como sucedió en el siglo XIX con los billetes, hace poco que se ha comenzado a debatir ampliamente la idea de sustituir los frágiles depósitos emitidos por los bancos privados por el dinero seguro depositado en los bancos centrales, un debate conocido como CBDC.

Hoy, según el Banco Internacional de Pagos de Basilea (BIS), el 70 por ciento de los bancos centrales dicen estar estudiando el CBDC; algunos, como el Banco de Suecia, incluso están diseñando propuestas piloto para un uso del CBDC limitado a la sustitución del efectivo. Además, desde hace poco más de un año, han empezado a aparecer en las revistas especializadas algunos artículos de prestigiosos economistas académicos que tratan aspectos concretos de este dinero seguro.

LA REGULACIÓN DEL NUEVO SISTEMA

Con el fin de comprender la idea del dinero seguro resulta útil describir las características de la regulación que necesitaría un sistema así. Es la mejor manera de entender cómo funcionaría el nuevo sistema y en qué se diferencia del actual.

Como hemos visto, con el nuevo sistema desaparecería la regulación *protectora*, que favorece a los bancos y mejora su cuenta de resultados. También desaparecería el otro bloque de regulación *prudencial*, que se ocupa de que los bancos no arriesguen demasiado con la finalidad de evitar que el coste de esas inversiones arriesgadas lo paguen los contribuyentes.

Igualmente, no sería necesario establecer excepciones a la aplicación de las leyes generales de defensa de la competencia, ya que a las entidades financieras que sustituyan a los bancos actuales se les aplicaría la misma legislación que al resto de las empresas. Tampoco sería necesario disponer de una regulación especial de lo que llamamos la «resolución» de las entidades de depósito, y entonces ninguna entidad financiera privada estaría eximida de la legislación general de suspensiones de pagos y quiebras.

La liberación de recursos públicos destinados a elaborar la regulación de la banca y a su supervisión debería aprovecharse para dedicar esos recursos materiales y personales a reforzar las regulaciones que se ocupan del mejor funcionamiento del mercado y de la protección de consumidores y usuarios. Esta es una diferencia importante con la regulación del sistema actual, en el que la mayor parte de los recursos de reguladores y supervisores se dedican a proteger a los bancos y a que no se deterioren sus beneficios, ya que ello podría tener consecuencias nocivas para los ciudadanos.

Este es el resumen de los cambios que experimentarían las regulaciones actuales al compararlas con la regulación del nuevo sistema.

La regulación del Ente Emisor

En los últimos años se ha avanzado notablemente en la autonomía de los bancos centrales, lo que ha mejorado la estabilidad de las monedas. También se ha progresado en reducir las posibilidades de financiación de los gobiernos por parte de los bancos centrales. Como ya hemos comentado, los gobiernos tienen menos incentivos para presionar a estos entes públicos, ya que cuentan con más limitaciones para financiarlos.

Pero todavía subsiste el problema de que a los gobiernos no les gustan las políticas monetarias restrictivas que pueden disminuir la inflación si reducen la tasa de crecimiento en el corto plazo por las consecuencias en las cifras de desempleo, los ingresos del Estado, etcétera. Por eso en el sistema de dinero seguro seguirá siendo importante garantizar la independencia de los entes emisores y, en la medida que se pueda, acercar su regulación a la que tenemos actualmente para la administración de la justicia.

Con el mismo objetivo de despolitizar al máximo el Ente Emisor en el nuevo sistema, es importante disponer de una regulación que se ocupe de determinar el destino del nuevo dinero creado, lo que tradicionalmente se llamaba señoreaje. Esto no es tan necesario en el sistema actual porque, una vez que se ha concedido a los bancos el privilegio de crear dinero, es evidente que el beneficio de crear dinero se queda en la propia actividad bancaria privada.

La regulación protectora de la banca

Se trata de las normativas que prohíben abrir cuentas en los bancos centrales, controlan el suministro de liquidez, las inyecciones de capital, etcétera.

Esa regulación desaparecería y ninguna de las entidades que operen en el mercado de préstamos disfrutaría de una protección especial frente al resto de las entidades que quieran competir en ese mercado.

La regulación prudencial de la banca

Son los requerimientos de capital, liquidez, etcétera, de Basilea III que han sido incorporados en las leyes

Dodd-Frank o en la directiva de capital en la Unión Europea.

Esta regulación desaparecería en el estado final del nuevo sistema. Es probable que durante algún tiempo haya que mantener algo en la fase de transición del viejo al nuevo sistema.

La regulación de los sistemas especiales de resolución

Se trata del privilegio de no aplicar la regulación común de quiebra y suspensión de pagos.

Esta regulación, así como los supervisores que se encargan de aplicarla, desaparecerían. Se aplicaría, como al resto del sistema financiero, la legislación general de concursos y quiebras.

La regulación macroprudencial

Al estallar la crisis de Lehman, llovieron las críticas sobre los bancos centrales por no haber impedido las burbujas de crédito. Los bancos centrales explicaron que ellos no pueden dedicarse más que a un solo objetivo —controlar la inflación— y no pueden, solo con la política monetaria, conseguir otros objetivos como sería evitar las burbujas de crédito.

Esto llevó a que en todos los países se organizara la llamada «supervisión macroprudencial», encargada de, si fuera necesario, proponer y aplicar remedios que no tienen en su mano los bancos centrales. Su actuación ha dado lugar a la adopción de medidas distintas de las de política monetaria, que han quedado incluidas en lo que podríamos llamar la «regulación macroprudencial».

De todas formas, hoy el 90 por ciento de la regulación y supervisión macroprudencial se dedica a vigilar la evolución de distintos aspectos de la actividad de los bancos frágiles o de otras instituciones relacionadas con ellos. Esta parte de la supervisión macroprudencial desaparecería por innecesaria. No obstante, aunque no es previsible que se vuelvan a presentar crisis financieras que obliguen a la intervención del Estado, podría ser prudente mantener ese 10 por ciento de supervisión macroprudencial que hoy se dedica a imaginar las posibles crisis que pudieran crear las entidades financieras no bancarias.

La regulación del mercado de valores

Esta regulación y supervisión se mantendría y se extendería a los productos del mercado de préstamos que se formalicen en valores. También habría que dedicar recursos a la supervisión de nuevos proveedores de estos servicios como, por ejemplo, las plataformas *peer to peer* o «de red de pares» que sean utilizadas en el mercado de préstamos.

La regulación de protección de consumidores y usuarios

Esta regulación se mantendría y se reforzaría al extenderse a otras áreas. Además, se facilitaría la protección de los usuarios simplemente porque desaparecería la opacidad que hoy caracteriza a la actividad bancaria. Debería ser más sencillo detectar los problemas de fraude a los usuarios. Por otra parte, desaparecería el dilema que hoy enfrentan algunos supervisores en cuanto a que la protección de los usuarios puede afectar negativamente a la cuenta de resultados de la banca. Este dilema se resolvería en el nuevo sistema, puesto que la regulación y la supervisión no estarían obsesionadas con la cuenta de resultados de las entidades, pues la caída en sus beneficios ya no tendría el efecto negativo de causar crisis sistémicas.

La regulación de defensa de la competencia

Hoy la regulación de defensa de la competencia deja de aplicarse en cuanto pueda afectar a la estabilidad bancaria. Incluso las autoridades promueven algunas concentraciones que no serían aceptables en cualquier otro sector. Habría un cambio importante en este campo, ya que podría aplicarse plenamente la legislación antimonopolio y de defensa de la competencia a las entidades que proporcionen préstamos o servicios de pagos sin ninguna de las prevenciones que hoy surgen ante la posibilidad de que se ponga en riesgo el dinero. Esto sería importante sobre todo para el caso de que las grandes empresas tecnológicas decidan entrar en la prestación de esos servicios.

La regulación del mercado de préstamos y los servicios de pago

Como hemos comentado, el mercado de préstamos pasaría de ser un mercado muy intervenido y protegido a uno que fundamentalmente debería trabajar bajo las reglas de la competencia. Esto significa evidentemente un cambio en la regulación, que en vez de destinarse a proteger y a intervenir entidades se dedicaría a proteger a consumidores y usuarios.

En cuanto a los servicios de pago, el cambio de los depósitos bancarios a los depósitos en el Banco Central es bastante sustancial y ello supondría cambios importantes en la regulación.

Por un lado, está la regulación de los servicios de pagos que deberían ser privados. La Unión Europea intentó dar algunos pasos en la liberalización con la Directiva de Pagos PSD2, pero el avance ha sido mínimo porque es muy difícil conseguir que haya competencia en los servicios de pago mientras se deja el monopolio de la creación de dinero en manos de unas entidades privadas. No obstante, es posible que interese mantener algunas infraestructuras públicas y regular aquella parte de los servicios de pago al por mayor que sea proporcionada por entidades privadas.

Otras regulaciones

Es posible que algunos gobiernos y parlamentos quieran introducir regulaciones para favorecer o incentivar los préstamos a actividades que se considere que deben protegerse como, por ejemplo, la inversión en energías renovables. O el crédito a ciudadanos con pocos recursos para comprar vivienda. Es incluso previsible que aumente este tipo de intervenciones puesto que, en estos momentos, el miedo a las crisis bancarias lleva a limitarlas por el efecto negativo que podrían tener sobre los beneficios de la banca.

En general, aunque se aplicaran al sistema financiero, estas intervenciones no tendrían por qué dañar su funcionamiento como sucede ahora, ya que normalmente serían regulaciones que afectarían sobre todo al presupuesto del Estado, dado el componente que pudieran tener de subsidios, deducciones de impuestos, garantías y demás ayudas que puedan tener efectos fiscales.

3

Beneficios del dinero digital seguro

El error fatal de Dodd-Frank fue asumir que los reguladores, que no impidieron la última crisis, preverán y evitarán la próxima.

Editorial de *The Wall Street Journal*,
febrero de 2017

RAZÓN DEL CAPÍTULO SOBRE BENEFICIOS
DEL DINERO DIGITAL SEGURO

En este capítulo explicaremos las ventajas de dejar de utilizar los depósitos en los bancos privados como si fueran dinero y sustituirlos por un dinero realmente seguro como son los depósitos en los entes emisores o bancos centrales.

En realidad, las ventajas adicionales que aporta el nuevo sistema son muy pocas, ya que los principales beneficios son los de acabar con los problemas del sistema actual. Ya no tendremos que sufrir los destrozos de las crisis bancarias, los problemas de apalancamiento excesivo de las economías, las largas recesiones, las dificultades de la política monetaria para aumentar la demanda, etcétera.

Además, en este capítulo también abordaremos algunas ganancias menores aunque interesantes, como que los beneficios de la creación del dinero retornen a los ciudadanos y no se queden en los bancos, evitar los efectos distributivos negativos de la política monetaria, distribuir mejor el poder económico y separar aún más el dinero de la política.

Finalmente, uno de los beneficios más importantes de la reforma de dinero digital seguro es que los aspectos más positivos del sistema actual se mantienen, y esto es importante porque hay otras propuestas de reforma del dinero con las que se perderían algunos de los atributos positivos que tiene el actual sistema.

ACABAR CON LAS CRISIS BANCARIAS

Son muchos los beneficios de sustituir el dinero creado por los bancos privados por un dinero seguro emitido y mantenido por los bancos centrales, pero el más importante es que ya no podrían producirse crisis bancarias.

Este beneficio es fácil de estimar: es el ahorro de los inmensos costes económicos y sociales que acarrean las crisis bancarias y que explicamos al principio del libro. Si queremos valorar, por ejemplo, los beneficios presupuestarios del nuevo sistema no hay más que calcular el ahorro en los costes de salvar los bancos y de crecimiento de la deuda pública que se producen después de las crisis bancarias. Los beneficios para el empleo y otras variables macroeconómicas se miden también calculando el daño que causa el actual sistema, porque estos costes dejan de producirse en el nuevo sistema.

Por ello, para saber con detalle el principal beneficio del dinero seguro basta con leer el apartado titulado «Los daños de las crisis bancarias», en el que describimos los costes macroeconómicos de las crisis. El beneficio del nuevo sistema es precisamente que nos ahorra todos esos costes.

En el nuevo sistema no habrá crisis bancarias, pero seguirá habiendo crisis financieras no bancarias, y aunque lo comentamos en otros apartados, aquí vamos a comparar estos dos tipos de crisis con el fin de comprender la importancia de acabar con las primeras.

Empecemos observando que las crisis bancarias se producen cuando un banco no puede hacer frente a las obligaciones a las que se comprometió. En concreto, no puede cumplir el compromiso de reembolsar el dinero a los depositantes cuando estos lo solicitan. Los depósitos no son dinero, sino una promesa de pagar dinero. Los bancos privados no tienen el dinero disponible cuando lo pidan los depositantes, pues lo han invertido en préstamos y en otros activos. Por ello hay dos razones por las que pueden entrar en crisis: puede suceder que el valor de esas inversiones sea inferior al volumen de los depósitos, o bien que el momento en que pueden recuperar el dinero de sus préstamos e inversiones no coincida con el momento en que los depositantes solicitan su dinero.

La reforma de dinero seguro CBDC no resuelve en absoluto el problema de que puedan surgir otras crisis financieras no bancarias. En realidad, no podría hacerlo en ningún caso porque la posibilidad de que algún agente deje de cumplir las obligaciones contraídas es justamente una característica intrínseca del sistema financiero.

En el sistema financiero siempre puede suceder que aquellos con los que se contrata no puedan pagar los intereses o incluso no puedan devolver el dinero prestado, o sea, que las cosas puedan resultar distintas a lo previsto. Esto es consustancial a todas las operaciones del sistema financiero, ya sean préstamos, fondos de inversión, *hedge funds*, derivados, contratos de seguros o cualquier otra operación financiera.

Lo distintivo de las crisis bancarias no es que una entidad financiera pueda entrar en crisis por no cumplir lo prometido, porque esto es común a cualquier contrato financiero. La peculiaridad de las crisis bancarias es que las consecuencias negativas de que un banco entre en crisis no las sufren exclusivamente los que participaron en el contrato financiero correspondiente, sino que son sufragadas por ciudadanos que no intervinieron en absoluto en esas operaciones.

En todas las actividades financieras se asumen riesgos. Si presto dinero a alguien, corro el riesgo de que no me pague los intereses o no me devuelva la cantidad que le presté. Si pago una prima a una compañía aseguradora de accidentes, corro el riesgo de que, cuando se produzca el accidente, no me pague la cantidad a la que yo tenía derecho de acuerdo con el contrato firmado. Si compro una acción en bolsa a mil euros, quizá dentro de dos años la venda y solo consiga ochocientos euros. Si compro un bono a diez años de una empresa importante, tal vez no recupere esa cantidad si la empresa quiebra. Incluso si la empresa no quiebra y quiero vender el bono antes de su vencimiento, podría suceder que su precio en el mercado se hubiera hundido porque los tipos de interés de la economía hubiesen aumentado.

Podríamos seguir poniendo ejemplos de los riesgos que se corren al suscribir fondos de inversión, fondos de pensiones, contratos de futuros y opciones, etcétera. Lo normal es ganar dinero con las operaciones financieras, pero también es una característica intrínseca suya que exista el riesgo de perder dinero.

Incluso es posible que esos fracasos no sucedan solo en unas cuantas entidades u operaciones concretas, con unos pocos participantes en esos acuerdos, sino que por razones de comportamientos de rebaño, contagio o pánico, esos fracasos se produzcan simultáneamente y den lugar a lo que llamamos crisis financieras. Por ejemplo, las caídas generalizadas en bolsa o en el mercado de bonos. Pero en todas estas crisis, aun siendo importantes y extensas, solo pagan las consecuencias los que han participado en asumir los riesgos de las distintas actividades financieras.

El problema de las crisis bancarias es que les cuesta dinero a los contribuyentes, que no tuvieron nada que ver con unas operaciones financieras que no realizaron. Los contribuyentes que no depositaron su dinero en el banco en crisis, ni fueron directivos del banco, ni accionistas, pagan las crisis bancarias. Por ello decimos que el dinero digital seguro no evitaría todas las crisis financieras, pero sí acabaría con las crisis bancarias que son, dentro de las crisis financieras, aquellas que tienen más efectos perjudiciales sobre todos los ciudadanos aunque no participaran en sus contratos.

Se puede alegar que, justamente para evitar esas consecuencias, existe una regulación protectora intervencionista de la banca. Pero la experiencia y la lógica nos muestran que la regulación no resuelve el problema de la inseguridad del dinero bancario.

Bastaría con aceptar lo que nos dicen los datos. Tanto los datos históricos como los más recientes muestran la insuficiencia de la regulación prudencial. El fracaso de Basilea I y II ha sido espectacular, y después de entrar en vigor Basilea III han seguido produciéndose crisis no sistémicas. Pero si no nos fiamos de los datos podemos acudir a la lógica y veremos que el empeño de resolver con regulaciones el problema creado por el dinero frágil es un intento imposible, es pretender buscar la cuadratura del círculo.

El problema del sistema actual surge de utilizar como dinero un activo financiero. Al ser un activo financiero es un activo con riesgo y al tener riesgo el dinero es frágil. Y para que el dinero no sea frágil diseñamos una voluminosa regulación para intentar que no tenga riesgo. Queremos usar como dinero un activo financiero que no tenga riesgo. Esto es un imposible porque si no hubiera ningún riesgo, si realmente fueran depósitos, los bancos no ganarían dinero, y si no ganaran dinero no podrían sobrevivir.

Por eso al final lo único que conseguimos con la regulación prudencial es reducir algo el riesgo, pero nunca podremos reducirlo por completo. Podemos hacer que el dinero bancario sea un poco menos frágil pero no lo podremos convertir en un activo seguro mientras los depósitos en bancos privados sigan siendo un activo financiero.

Por esto mismo, otro beneficio de contar con un dinero digital seguro es que no solo acabaríamos con las crisis bancarias, también podríamos desembarazarnos de toda esa regulación que trata inútilmente de evitar las crisis bancarias y que está asfixiando las actividades bancarias. Y este es otro beneficio importante. En el momento en que se liberalice el sistema financiero —incluidas las actividades de préstamo que hoy realiza la banca—, se seguirán produciendo incumplimientos de pago y continuará habiendo crisis financieras, pero no tendrán ni las consecuencias presupuestarias ni las macroeconómicas que tienen las crisis bancarias.

Asimismo, al acabar con las crisis bancarias no solo terminaríamos con sus costes sino también con los de las crisis de la denominada *shadow banking* o «banca en la sombra». Esto es muy importante pues, como hemos visto en la pasada crisis, los estados concedieron también ayudas muy voluminosas a entidades que no eran exactamente bancos, esto es, entidades de depósito. Por ejemplo, las ayudas concedidas a la aseguradora AIG y a los fondos del mercado monetario en Estados Unidos.

Estas entidades no eran bancos comerciales, pero estaban todas íntimamente conectadas o relacionadas con los bancos de depósitos, tanto en su activo como en su pasivo. Así, por ejemplo, si las hipotecas *subprime* hubieran estado en el activo de inversores o entidades no bancarias como, por ejemplo, fondos de inversión o *hedge funds*, no habría habido ningún problema del calado del que estalló en 2008. El problema fue que muchos bancos de todo el mundo, incluidos los europeos, tenían en su activo productos similares a los diseñados por Lehman Brothers que, por cierto, aunque no era un banco de depósitos, muchos de sus productos estaban íntimamente conectados a dichos bancos.

Lo mismo sucedió con AIG, que aseguraba los bonos municipales. Si sus seguros hubieran cubierto solo a inversores que no fueran entidades de depósito, tampoco habría sido necesaria una intervención del Estado para salvarla. Pero como sus seguros cubrían bonos municipales que estaban en el activo de los bancos de depósitos, fue imprescindible salvar AIG para que no quebraran los bancos.

En el caso de los fondos del mercado monetario la relación con los bancos no estaba en su activo, sino en el pasivo, porque eran una fuente fundamental de financiación de los bancos de depósitos. Si no hubiera intervenido la Reserva Federal, se habría cortado la financiación a los bancos de depósitos y la crisis se habría amplificado enormemente.

La posibilidad de acabar no solo con las crisis bancarias sino también con las crisis de la banca en la sombra es un beneficio muy importante que justifica la reforma de dinero digital seguro. El procedimiento actual para intentar acabar con las crisis bancarias es el denominado Basilea III, una regulación prudencial que puede reducir la severidad y frecuencia de las crisis bancarias, pero que tiene el efecto perverso de que incentiva la aparición de actividades de banca en la sombra, de las que solo después de una crisis nos damos cuenta de que tendríamos que haber evitado.

La ventaja de las reformas tipo CBDC es que el dinero se diferencia de manera nítida de los activos financieros. El dinero pasa a ser un activo sin riesgo y eso lo diferencia de cualquier activo financiero que, inevitablemente, tienen riesgo. En la medida en que en el sistema actual el dinero es un activo financiero con riesgo, no existe esa separación precisa, y por tanto es posible que las crisis de entidades financieras no bancarias acaben convirtiéndose en crisis bancarias. El economista Shiller mostró cómo la promesa explícita de devolver el dinero que tenían los depósitos se había convertido en una promesa implícita en el caso de los fondos de dinero.

Esto es algo que no volvería a suceder en un sistema de dinero digital seguro, pues cualquier intento de simular dinero sería inútil, ya que el sistema financiero estará absolutamente separado de él. Cualquier activo financiero, por mínimo que sea, tendrá algún riesgo y por tanto los inversores sabrán que al cambiar su dinero por esos activos correrán ese riesgo, en consecuencia, los fallidos de estas inversiones no afectarán al dinero y al sistema de pagos.

ROMPER EL MATRIMONIO DINERO-DEUDA

Además del principal beneficio de un sistema tipo CBDC, que es acabar con las crisis bancarias, hay otros muy importantes relacionados con la diferente forma en que ahora se crea el dinero y el modo en que este se crearía en el nuevo sistema. Por ejemplo, el fin de las burbujas explosivas de crédito.

Ya hemos visto cómo uno de los efectos más nefastos del sistema de producción de dinero de los bancos privados es la aparición recurrente de burbujas de crédito que preceden sistemáticamente a las crisis bancarias. El sistema actual tiene un incentivo al endeudamiento excesivo de la economía que acaba degenerando en crisis bancarias; además, como la banca todavía proporciona una parte muy importante de la financiación de la economía, sus problemas aumentan los efectos recesivos del final de las burbujas, ya que en cuanto empieza la crisis los bancos dejan de proporcionar crédito. Y es que el peso creciente de los fallidos lleva a la banca a contraer el crédito y la creación de dinero, y por tanto a intensificar la depresión en un momento en que justamente se necesitaría que aumentara la oferta monetaria y el gasto.

Ese efecto perverso del sistema actual que lleva a reducir el crédito cuando más se necesita no se produciría en un sistema tipo CBDC, porque no pueden desarrollarse las burbujas de crédito que son las que acaban generando un apalancamiento excesivo. Además, la liberalización del sistema de préstamos permitiría un mayor número y diversidad de los que ofrecen préstamos, lo cual es muy positivo, ya que los fallidos de unos contratos financieros no tienen por qué afectar a la conducta de otros agentes que, mientras unos tienen problemas, pueden estar en perfectas condiciones para prestar a demandantes solventes de crédito.

Hoy el dinero está indisolublemente ligado a la creación de deuda. Los bancos no pueden crear dinero y dárselo a los ciudadanos pues, para crearlo, exigen a los ciudadanos o al Estado que se endeuden. Esto es lógico, porque es la forma que tienen de ganar dinero. No pueden dar dinero si no es a cambio de que los que lo reciben prometan devolverlo. Solo creando deuda los bancos ganan dinero; únicamente ganan si prestan o invierten. Ganan dinero de los préstamos a particulares y empresas y también de los bonos del Estado o corporaciones que tienen en su activo y que, en definitiva, son deudas del Estado o de las empresas.

Podemos decir que en el sistema actual hay un matrimonio indisoluble entre el dinero y la deuda. Se entiende que esto sea así porque de otro modo no habría ningún incentivo en crear un banco, pero el problema es que esto hace daño a la ciudadanía. ¿Por qué?

Porque, como hemos explicado, la causa fundamental de las crisis bancarias es la fragilidad del dinero bancario. Pero la fragilidad del dinero no es suficiente para explicar las crisis. La historia nos enseña que todas las crisis bancarias están precedidas por una expansión del crédito exagerada, esto es, un aumento extraordinario de la deuda de empresas y familias, un incremento del apalancamiento de las economías. Esto lo han destacado siempre economistas heterodoxos como los austriacos u otros como Minsky, pero hasta la última crisis la mayoría de los economistas lo ignoraron.

El sistema actual de creación de dinero está basado en unas entidades cuyos beneficios y supervivencia dependen de que puedan crear deuda continuamente. Por eso no es extraño que mientras los bancos creen el dinero, la economía tendrá una tendencia propensa a la creación de deuda más allá de la que determinaría el mercado.

¿Por qué se produce más deuda de la necesaria? Porque está subsidiada. El conjunto de protecciones y privilegios de la banca se puede entender como un conjunto de subsidios a la creación de deuda. El aseguramiento de depósitos se puede ver como un subsidio a la financiación de los bancos, ya que consiguen unos fondos con tipos de interés bajo o incluso nulo, mientras que otras entidades del sistema financiero tienen que ofrecer tipos de interés más atractivos para que sus clientes les presten sus ahorros.

Y hay otras protecciones o privilegios de los bancos que pueden verse igualmente como un subsidio a la generación de deuda, por ejemplo, las provisiones de liquidez o las inyecciones de capital en casos de problemas, que permiten a la banca embarcarse en operaciones de préstamos a tipos más bajos de los que demandaría el mercado si no supiera que el Estado está dispuesto a ayudarles cuando tengan problemas.

Como veremos, algunas de las críticas al CBDC son que con el nuevo sistema habría menos crédito. Aunque no está claro, es posible que tengan razón, porque al reducir los subsidios en cualquier sector se produce exclusivamente aquello que demanda el mercado. Los críticos lo presentan como un problema de menor crédito, y por tanto de menor inversión, pero se puede mirar de otra forma: cuando se suprimen subsidios y otras protecciones, el mercado garantiza que se produzca la inversión que se necesita y además con mucha menos deuda, al no estar subsidiada por el sistema actual de protección a los bancos.

Al separar la producción del dinero de la generación de deuda, el nuevo sistema tiene dos beneficios importantes. Por un lado, evita las burbujas. Ya hemos explicado que las burbujas son un factor importante para la aparición de crisis bancarias. Además, las burbujas no solo tienen consecuencias macroeconómicas por los efectos de las crisis, sino también microeconómicas, es decir, distorsiones en la asignación de recursos que perjudican la eficiencia, la productividad y el potencial de crecimiento de la economía.

Por otro lado, la acumulación de deuda tiene otro efecto negativo en la medida en que retrasa la recuperación de la economía después de una recesión. En el sistema de CBDC no solo se producirían menos crisis, sino que las recuperaciones serían más rápidas, y no solo porque el apalancamiento sería menor, sino porque la política monetaria permitiría aumentar la oferta de dinero sin necesidad de aumentar la deuda.

UNA POLÍTICA MONETARIA MÁS EFICIENTE

En muchos aspectos, el sistema de dinero digital seguro se parece al sistema actual de dinero creado por los bancos privados. Por ejemplo, la política monetaria es muy similar, porque en ambos sistemas se requiere que exista algún ente que se ocupe de ello.

La política monetaria de los dos sistemas es heredera de la visión de Keynes; se trata de una política monetaria en la cual la creación de dinero se va adaptando al crecimiento de la economía. La historia del dinero es la de unos gobiernos que imprimieron dinero en exceso para financiar sus gastos y generaron inflación. Pero justo por este peligro es a la vez la historia de los proponentes de sistemas monetarios en los que los gobiernos no puedan generar inflación.

El más famoso de estos sistemas se denominó «patrón oro», cuya ventaja surge de que la creación de dinero viene determinada al margen de lo que puedan decidir los políticos. Simplificando, podríamos decir que en el patrón oro la oferta de dinero depende exclusivamente de cuánto aumente la producción de oro en el mundo.

Pero este sistema monetario tiene un problema, que después de Keynes casi todo el mundo acepta: si la productividad de la economía aumentase mucho y la oferta monetaria fuera rígida, tanto los salarios como los precios se verían obligados a bajar, a tener crecimientos negativos. En la medida en que en el mundo real es difícil que los asalariados acepten esto, se podrían generar deflaciones que afectarían de manera negativa al crecimiento de la economía.

Es verdad que, en principio, con los sistemas como el vigente o el de dinero digital seguro CBDC que dejan a los organismos emisores la decisión sobre la cantidad de dinero, también se podrían originar inflaciones si los políticos pudieran influir sobre los entes emisores. Pero también es cierto que desde la década de 1980, cuando se concedió autonomía o independencia a los bancos centrales, se ha demostrado que si se adoptan decisiones institucionales correctas, es posible evitar la inflación. De hecho, aunque las políticas monetarias actuales no han podido evitar las burbujas de crédito, durante los últimos treinta años han sido bastante exitosas en mantener inflaciones reducidas.

En el sistema de dinero seguro esta autonomía de los bancos centrales no solo se mantendría, sino que, como hemos explicado, podría reforzarse, por lo que el sistema estaría tan preparado —o más— que el sistema actual para evitar inflaciones derivadas de las presiones de los políticos.

Lo normal sería que en el nuevo sistema de dinero seguro se estableciera el objetivo de inflación que ahora tienen la mayoría de los países: un 2 por ciento anual. Pero, si pareciera razonable, se podrían establecer objetivos distintos como, por ejemplo, que no hubiese inflación. O que fuera un 3 por ciento, como ahora proponen algunos economistas. Todo esto, como en el sistema actual, es posible. Otra cosa es que, como ahora, no obtuviera un consenso suficiente.

Un sistema de dinero digital seguro también podría adoptar un modelo de gestión automática de la política monetaria que no dejara discrecionalidad a las autoridades, de modo que tuvieran que aplicar ciegamente una regla determinada como, por ejemplo, la regla de Taylor.[5] Pero estas reglas tienen bastantes problemas derivados de su rigidez, por lo que lo más probable es que, aunque se limite su discreción, se encarguen las decisiones de política monetaria a un ente independiente.

Aun siendo muy similares, hay una diferencia entre la política monetaria del sistema actual y la política monetaria que se podría aplicar en un sistema de dinero digital seguro, y es la forma en que se supone que aumenta la oferta monetaria.

Las dos políticas monetarias tratan de incidir en el gasto de la economía, de las empresas y de las familias. La diferencia es que en el sistema actual hay una políti-

---

[5] La regla de Taylor relaciona la tasa de interés nominal con la inflación, el PIB y otras variables. Actualmente se utiliza como un indicador más, pero los que deciden la política monetaria no lo aplican de manera automática.

ca monetaria indirecta que actúa a través del tipo de interés. Esto es así porque, como hemos explicado, la creación de dinero se produce a través de la creación de deuda. El sistema convencional de la política monetaria actual consiste en subir y bajar los tipos de interés para de esa forma reducir o aumentar el crédito, y por tanto el gasto en la economía que está financiado por deuda.

En el nuevo sistema la política monetaria sería más directa, aumentaría la oferta de dinero sin tener que, en principio, hacerlo obligadamente a través de la deuda. Por ello, los tipos de interés en el nuevo sistema dejarían de ser un instrumento que pretende controlar el Ente Emisor; serían el resultado de lo que decidiesen los ahorradores y los inversores.

Por supuesto que las variaciones en la cantidad de dinero que acuerde el Ente Emisor afectarían a los tipos de interés porque podrían variar las actitudes de ahorradores e inversores a la hora de determinar la oferta y la demanda de fondos prestables. Los tipos de interés serían el resultado de lo que decidieran los agentes económicos, pero eso no significa que sean irrelevantes. Los tipos de interés pasarían a ser una variable importante como tantas otras que el Ente Emisor debería tener en cuenta para estimar la demanda agregada, pero ya no serían el instrumento principal de la política monetaria.

Además de ser una política monetaria menos intervencionista porque el Estado ya no interviene en el mercado de préstamos, la política monetaria del nuevo sistema tiene la ventaja de que es más inmediata y directa en cuanto a conseguir el objetivo de aumentar o disminuir la demanda. El aumento o descenso de la oferta monetaria tiene un efecto más directo en el gasto agregado que si se utiliza el instrumento de los tipos de interés.

Por ejemplo, para aumentar el gasto de consumo en el nuevo sistema, los entes emisores aumentarían sin intermediarios el dinero de los depósitos de los ciudadanos y los consumidores se encontrarían de inmediato con más dinero para gastar. En el sistema actual la forma de aumentar el gasto en consumo es indirecta: el Banco Central intenta reducir el tipo de interés y supone que, ante el incentivo de un tipo más bajo, los consumidores querrían solicitar créditos para consumir más.

Otro ejemplo que muestra la mayor eficiencia que puede tener la política monetaria con el dinero seguro es el problema que se ha producido al intentar salir de la crisis actual. En los primeros años de la crisis, los bancos centrales aplicaron la política convencional de bajar tipos de interés, pero no fue totalmente efectiva. Por ello tuvieron que lanzar la política de denominada expansión cuantitativa (QE por su sigla en inglés), que consistió en comprar bonos del Estado o de empresas privadas para inyectar dinero en la economía.

La política monetaria del sistema actual fracasó en los primeros años porque las empresas y los ciudadanos estaban muy endeudados y se resistieron a contribuir al aumento de la cantidad de dinero. Para aumentar el gasto tenían que aumentar a la vez sus deudas, lo cual era un absurdo porque lo que intentaban hacer las empresas y los ciudadanos era justamente reducir su endeudamiento.

Aunque la política de QE ha sido más efectiva que la convencional, ha resultado menos efectiva de lo que habría sido en un sistema de dinero seguro, ya que en lugar de aumentar la cantidad de dinero en manos de los tenedores de acciones y bonos, que tienen una propensión muy baja a aumentar su consumo, se podría haber aumentado la cantidad de dinero de toda la población, con lo que se habría conseguido aumentar el gasto más fácilmente y con más rapidez que con la compra de títulos.

Por otro lado, en el nuevo sistema la política monetaria sería más fácil porque exigiría cambios más suaves de la oferta de dinero, ya que no tendría que reaccionar ante las oscilaciones enormes que se producen ahora en el endeudamiento de familias y empresas debido a que la creación de dinero de los bancos se hace aumentando la deuda.

Hoy día la política monetaria se enfrenta muchas veces a situaciones complicadas debido a que el sistema actual genera explosiones de crédito que, por un lado, obligan a intervenir con mucha frecuencia para corregir esas burbujas y, por otro, se alcanzan niveles muy altos de apalancamiento y, como hemos explicado, esto hace muy difícil que funcione la política monetaria cuando se intenta recuperar el crecimiento.

En la medida en que en un sistema de dinero seguro las oscilaciones del crédito de la economía serían más suaves porque ya no habría espirales explosivas, la política monetaria del nuevo sistema sería más fácil pues, incluso en el caso de que por otras razones aumentase el endeudamiento, la política monetaria podría ser más efectiva para estimular el gasto.[6]

---

[6] Algunas propuestas de dinero seguro difieren en determinados puntos de lo expuesto sobre política monetaria. Por ejemplo, aceptan que el dinero seguro

EFECTOS DISTRIBUTIVOS DE LAS POLÍTICAS MONETARIAS

Las políticas implementadas en los últimos años para salir de la recesión causada por la gran crisis bancaria se han basado fundamentalmente en compras masivas de activos financieros que han tenido el efecto de aumentar mucho sus precios.

Obviamente, estas políticas han tenido unos efectos distributivos favorables a las clases más pudientes porque son las que tienen más riqueza en activos financieros. Esto ha provocado las críticas de algunos activistas que han cuestionado la política de expansión cuantitativa por tener efectos distributivos negativos.

Sin embargo, el Banco Central Europeo y otros bancos centrales han publicado estudios que muestran que la política monetaria acordada en ese periodo ha sido favorable a las clases trabajadoras porque, si no se hubiera adoptado, habría sido aún más negativo para ellas.

El caso es que todos tienen razón. Es verdad que si no se hubiera adoptado una política monetaria que intentara compensar la recesión creada por la gran crisis bancaria, las clases más desfavorecidas habrían estado peor que ahora. Probablemente la recesión habría sido más intensa y duradera sin esa política monetaria, si no se hubiese aumentado la cantidad de dinero. Pero también tienen razón los críticos que dicen que la política mo-

---

podría tener un tipo de interés. O proponen que el dinero creado podría subastarse entre entidades que quisieran prestarlo. De esta forma, y con la mejor intención, intentan aproximarse más a la política monetaria actual (usar el tipo de interés, asociar la creación de dinero al endeudamiento...), pero también se repetirían algunos de los problemas actuales. No obstante, a pesar de estos problemas puntuales, tales propuestas mantienen un dinero público y seguro y, por tanto, son mejores que el sistema actual.

netaria que se ha implementado ha favorecido a los ciudadanos más ricos, los dueños de los activos financieros.

Esto se ve más claro si imaginamos qué hubiera sucedido si hubiésemos tenido ya un sistema de dinero digital seguro. Por un lado, los entes emisores de dinero digital seguro habrían llevado a cabo lo mismo que han hecho ahora los bancos centrales, es decir, habrían implementado una política monetaria que habría aumentado la cantidad de dinero. Lo distinto habría sido que, dado que el nuevo sistema permite que el aumento en la cantidad de dinero se entregue al Estado o a los ciudadanos y no a los que tienen activos financieros, la política monetaria habría podido tener efectos distributivos neutros e incluso más beneficiosos para las clases más desfavorecidas.

Por tanto, cualquier política monetaria, tanto la del actual sistema como la del nuevo sistema, habría tenido efectos favorables en cuanto a evitar que se produjera una recesión más profunda y también en cuanto a favorecer una recuperación más rápida. Pero los efectos distributivos de la actual política monetaria han sido más negativos para la mayoría de los ciudadanos que los que habría causado la política monetaria dentro de un sistema de dinero digital seguro.

LOS CIUDADANOS OBTIENEN LOS BENEFICIOS
DE LA CREACIÓN DEL DINERO

Cuando la mayor parte del dinero la creaba fundamentalmente el Estado, por ejemplo, cuando acuñaba moneda, los beneficios iban a parar al Estado. Lo mismo ha sucedido y sucede ahora con los billetes y, en los sistemas democráticos, esos beneficios pasan al presupuesto de ingresos del Estado. A este beneficio se le llama el «señoreaje».

Sin embargo, y como ya hemos comentado, en un sistema como el actual en el que la mayoría del dinero lo crean los bancos privados, los beneficios se dispersan en la propia actividad bancaria. No es fácil calcular quién y en qué cantidad se aprovecha ahora de la creación de dinero; en cambio, es fácil calcular cuál sería el beneficio de la creación de dinero y quién sacaría provecho de eso en el nuevo sistema.

El valor del beneficio obtenido al crear el dinero en el nuevo sistema sería exactamente la cantidad de dinero creada menos los gastos del Ente Emisor. En este aspecto el beneficio sería similar a lo que ahora es el señoreaje de la parte del dinero —los billetes y monedas— creado por el Estado. Si además el dinero creado fuera entregado al Estado, su destino sería el mismo del señoreaje del dinero físico.

Pero también se podría decidir que el dinero creado no fuera al Estado, sino que se depositara directamente en las cuentas corrientes que todos los ciudadanos tendrían en el Ente Emisor. De esta forma el beneficio de crear dinero, que antes iba a los bancos privados, ahora volvería a estar a disposición de los ciudadanos.

Este es un beneficio importante del nuevo sistema, pues al recuperar el dinero del señoreaje, tanto el Estado como las familias podrían aumentar su gasto sin endeudarse y por tanto tendrían menos gastos financieros en el futuro, por la simple razón de que tendrían menos deuda. El actual es un mundo de alto endeudamiento, de deuda creciente; con el nuevo sistema viviríamos en un mundo con menos deuda.

El reembolso del señoreaje también se puede ver como una indemnización por el daño que causa la inflación a los ciudadanos. Y este sería un beneficio especial del dinero seguro. Se pueden entender las razones por las cuales, en vez de proponerse una inflación cero, se encargue al Ente Emisor que aumente la cantidad de dinero hasta conseguir una inflación moderada, en torno al 2 por ciento, como se hace ahora. Pero está claro que esta inflación hace daño a muchos ciudadanos, como a los pensionistas, que no pueden aumentar sus ingresos.

Algunos economistas ven la inflación como un impuesto, ya que disminuye los ingresos reales de los ciudadanos. Pues bien, el nuevo sistema permitiría devolver ese «impuesto» a los ciudadanos al ingresarles al año siguiente el señoreaje. De esta forma, se compensaría la pérdida que sufren los ciudadanos en sus ingresos reales como consecuencia de la inflación, al ingresarles esa cantidad en las cuentas corrientes que mantuvieran en el Ente Emisor.

LA SEPARACIÓN DEL DINERO DE LA POLÍTICA

Al comentar los problemas del dinero bancario hemos mostrado cómo muchos de ellos se deben a que ahora el dinero lo crean las empresas privadas. Estas —o sea, los bancos— lo producen y tienen un lógico interés en aumentar sus beneficios. Los beneficios aumentan si su negocio crece, y dado que su negocio es conceder préstamos, su interés y todos sus esfuerzos se concentran en que el crédito aumente o, lo que es lo mismo, que aumente el endeudamiento de familias y empresas.

También su rentabilidad es mayor si el capital que se pone en juego es pequeño, y por eso la tendencia natural de estas empresas privadas es reducir al máximo el capital que se pone en juego. Pero justamente esto hace más frágil al dinero bancario, porque unas oscilaciones pequeñas en el valor de los activos del balance de los bancos pueden llevarles a la quiebra y por tanto a la imposibilidad de devolver el dinero depositado en ellos.

Asimismo, es cierto que si miramos la historia del dinero, algunos de sus problemas, y especialmente los que han llevado a que este pierda valor en relación con otros bienes, tienen que ver con la política y no con el mercado.

La historia de las inflaciones, esto es, la historia de la depreciación del valor del dinero, podría escribirse como una historia de la relación entre el dinero y los gobiernos. En general, los perjuicios que los gobiernos causaban al valor de la moneda se producían porque la creación de dinero era una forma de financiarse sin necesidad de aumentar los impuestos o de endeudarse. Pero esta facilidad para financiarse era un espejismo, ya que la inflación hacía perder valor también a los ingresos del Estado. Esta visión de corto plazo es muy común en otras políticas en las que los gobernantes ignoran las consecuencias a largo plazo de sus decisiones y el problema es que, en contra de lo que decía Keynes, el largo plazo llega antes de que la gente se muera.

La relación entre el dinero y los políticos era muy estrecha cuando eran los propios gobiernos los que creaban el dinero, por ejemplo, a través de su acuñación en las casas de la moneda. Cuando el dinero tenía una relación fija con el oro o la plata, una de las formas que utilizaban los gobiernos para financiarse era reducir el valor en oro o en plata de las monedas. Al principio, los ciudadanos no se daban cuenta de este engaño, pero al poco tiempo eran conscientes de ello y las monedas perdían su valor.

Cuando el dinero perdió su relación con el oro y la plata y las monedas y los billetes empezaron a no tener ninguna relación con los metales preciosos, la pérdida del valor del dinero venía determinada por que los gobiernos emitían más dinero del que era necesario para tener precios estables o inflaciones moderadas. Los episodios de inflación del siglo xx como la hiperinflación alemana de la primera mitad de siglo o la inflación de Estados Unidos de los años setenta, son ejemplos típicos de inflación generada por aumento injustificado de la cantidad de dinero emitido.

Pero también el dinero ha tenido problemas debido a la relación entre los gobiernos y los banqueros privados. Estos encontraron grandes beneficios en financiar sobre todo las guerras de numerosos reyes. Y muchas veces los reyes no respetaron las promesas de devolver este dinero, por lo que los bancos quebraron y afectaron al resto de los ciudadanos.

En las últimas décadas del siglo xx se produjo un avance importante en la relación entre los gobiernos y los bancos centrales. Aunque en el sistema actual los bancos centrales no creen el dinero, conservan cierto poder para, a través de los tipos de interés, influir en la cantidad de dinero que pueden crear los bancos privados. Después de la gran inflación de Estados Unidos de los años setenta surgió la idea de separar a los bancos centrales de los gobiernos, esto es, pasar a lo que se ha denominado autonomía o independencia de los bancos centrales para que pudieran subir los tipos sin interferencias de los gobiernos.

En cuanto a reducir la inflación, este cambio institucional ha tenido un éxito notable. Hemos pasado de inflaciones de dos dígitos a mantener una inflación en torno al objetivo del 2 por ciento en la mayoría de los países desarrollados que han implantado la autonomía de los bancos centrales respecto a los gobiernos.

Sin embargo, el sistema actual sigue manteniendo una relación de los bancos centrales con los gobiernos, puesto que sus decisiones no solo influyen en la inflación, sino también en la financiación de los estados. Así, por ejemplo, la política monetaria que se ha practicado durante la reciente crisis bancaria ha favorecido notablemente la financiación de los estados. Las compras masivas de títulos de deuda de los gobiernos han tenido un efecto muy positivo en reducir su coste de financiación. En Reino Unido, la cantidad de deuda comprada por el Banco de Inglaterra ha superado de manera notable la cantidad de deuda emitida por el Gobierno británico.

La ventaja de que los bancos centrales pasen a un sistema de emisión de dinero digital es que se produce una separación total entre los gobiernos y la actividad de los bancos centrales. Si los gobiernos necesitaran financiarse, tendrían que hacerlo a través de los impuestos o endeudándose en el mercado. De esta forma los gobiernos pasarían a tener el mismo estatus que cualquier ciudadano o empresa sin tener un privilegio especial en lo que se refiere a su relación con el dinero.

En principio parece contraintuitiva la idea de que un dinero público, es decir, emitido por los bancos centrales, separe más al dinero de la política que cuando es emitido por los bancos privados. Es difícil de entender si no nos damos cuenta de que los políticos y los gobiernos tienen que ver con lo público, pero no todo lo público es gubernamental o está relacionado con la política.

La justicia es una institución claramente pública, sin embargo nos preocupamos de separarla de los gobiernos y de los políticos. Y lo mismo sucedería con los bancos emisores del dinero digital público que serían sin duda entes públicos, pero no sometidos en absoluto a la voluntad de los gobiernos, esto es, de los políticos.

Es evidente que, al final, tener bancos centrales o entes emisores independientes de la política es una decisión que en algún momento han tomado los políticos, pero es una decisión de tipo constitucional, de creación de reglas de juego. Se trata, sin duda, de decisiones colectivas y no hay otra forma de llegar a ellas más que por la política, pero son decisiones en las que los políticos se imponen límites a sus actuaciones.

Hemos comentado la institución de la justicia en la que los políticos, en su actividad constitucional, establecen normas según las cuales la justicia queda apartada de sus decisiones y de los gobiernos. Lo mismo sucede con los derechos fundamentales o con la obligación de aprobar los impuestos en los parlamentos, o la distribución de poder territorial en distintos niveles y, en general, con todo aquello que consideramos que debería tener rango constitucional.

La separación del dinero de la política que se consigue con una reforma de dinero digital seguro es muy importante, porque los entes emisores podrán equivocarse, como es normal, en las decisiones sobre la cantidad de dinero necesaria para mantener una inflación moderada; pero estas «equivocaciones» no vendrán producidas por intereses políticos, sino que se deberán al estado del conocimiento económico por parte de la sociedad en ese momento, y por tanto podrán ser corregidas más fácilmente que cuando hay intereses políticos deseosos de intervenir en la política monetaria.

Cuando escribo este apartado, la revista *The Economist* dedica su portada a «Los bancos centrales en la era del populismo» y relata los ataques de los políticos a la independencia de los banqueros centrales en países como Estados Unidos, Inglaterra, India o Turquía. El temor es que la politización del dinero pueda ser una de las vías por las que el sistema actual podría saltar por los aires.

Una de las ventajas del sistema de dinero seguro[7] es que separa totalmente a los gobiernos de la creación de dinero y a la vez exige, para su buen funcionamiento, que el esquema institucional del Ente Emisor garantice su aislamiento de los vaivenes de la política. Esta es una razón adicional para no retrasar la reforma del sistema actual de creación del dinero y poder así reforzar la

---

[7] Especialmente en las propuestas en las que el Ente Emisor no tiene un balance, sino que se convierte en un registro.

autonomía de estos entes, lo que ha demostrado ser muy útil para evitar las inflaciones causadas por la interferencia de los gobiernos.

EL PODER ECONÓMICO ESTÁ MÁS DISTRIBUIDO

Uno de los objetivos de la democracia liberal es distribuir el poder. Y esta es la finalidad de muchas instituciones democráticas. Por ejemplo, la separación de los poderes del Estado entre el legislativo, el ejecutivo y el judicial. Otro elemento importante es la distribución del poder territorial. No es una coincidencia que algunos de los países con democracias liberales más asentadas, como Estados Unidos, Suiza o Alemania, tengan el poder político muy distribuido territorialmente.

También es importante para el funcionamiento de la democracia que el poder económico esté distribuido. Esta es una de las consecuencias positivas de la introducción de la competencia, una pieza clave de la economía de mercado. Adam Smith explica muy bien cómo bajo la competencia los empresarios pierden poder frente al resto de los ciudadanos y de alguna forma se convierten en servidores de ellos. La competencia les obliga a cautivar a sus clientes reduciéndoles los precios, mejorando la calidad o ideando nuevos productos que sean atractivos.

Pero cuando vemos lo que sucede en las economías reales nos damos cuenta de que en vez de la economía de mercado que imaginó Smith tenemos un sistema en el cual algunos «capitalistas» tienen un poder económico muy importante y no se comportan como el empresario smithiano que, aunque lógicamente busca obtener los mayores beneficios, se encuentra obligado a servir a los ciudadanos.

Justamente esta concentración de poder económico aparece con frecuencia cuando el Estado se dedica a proteger a determinadas empresas y, en consecuencia, deja de funcionar la economía de mercado. Y esto es aplicable a la banca. En efecto, la banca concentra un poder económico muy importante que perdería al desaparecer la protección del Estado, que ya no sería necesaria al tener una alternativa al dinero producido por los bancos.

Al introducir competencia en los mercados de préstamos y de servicios de pago lo esperable es que el número de operadores no se restrinja a los bancos, sino que puedan entrar a ofrecer sus servicios un gran número de nuevos operadores y así los bancos no podrían concentrar el poder que hoy tienen.

Las crisis bancarias aumentan las concentraciones porque las adquisiciones, sin ayudas o con ellas, son una manera relativamente fácil de resolverlas. Ahora, en los países más desarrollados, los diez bancos más grandes tienen más del 50 por ciento del mercado de préstamos y más del 90 por ciento de los servicios de pago. En España, las tres entidades principales tienen más del 60 por ciento del mercado bancario. Esto no sucede en el resto del sistema financiero que está más abierto a la competencia. Por ejemplo, si nos fijamos en la estructura del mercado de los fondos de inversión, en España, en este momento hay varios millares de fondos de inversión, pero más del 90 por ciento de su comercialización es controlada por los bancos.

Además, hoy día la banca goza de un poder económico derivado de su relación con los dos entes públicos que han sido creados por el Estado para protegerla, los supervisores bancarios y los bancos centrales. Con la emisión de dinero público los supervisores prudenciales desaparecerían, ya que la regulación a la que quedarían sometidas las actividades bancarias sería la misma que cualquier otra entidad del sistema financiero. Y en lo que se refiere a los bancos centrales, perderían gran parte del poder que hoy está al servicio de los bancos privados como, por ejemplo, facilitarles cantidades ingentes de recursos a bajo coste.

Si tuviéramos un sistema de dinero seguro CBDC las funciones de los entes emisores seguirían siendo muy importantes, pero serían más generales; las consecuencias de sus decisiones serían muy relevantes para el conjunto de la economía, pero no podrían favorecer a empresas determinadas como ahora sucede con los bancos.

LOS BENEFICIOS PARA EL EURO Y LA UNIÓN EUROPEA

Los problemas que tiene la Unión Monetaria Europea son muy conocidos. Los sufrimos desde 2010 hasta 2012, cuando se agravaron hasta tal punto que, si no hubiera sido por la intervención del Banco Central Europeo y sobre todo por el mensaje de la canciller Merkel —que dejó claro que Alemania haría todo lo que fuera necesario para conseguir que ningún país saliera del euro—, habría podido producirse la ruptura de la moneda única.

Quien se haya familiarizado con la visión del dinero seguro se dará cuenta de que los problemas actuales del euro existen precisamente porque los euros en forma de depósitos no son creados y mantenidos por el Banco Central Europeo, sino por los bancos privados. Los problemas del euro surgen justamente por la fragilidad de ese dinero bancario. Si el euro en forma de depósitos fuera creado y mantenido por el propio Banco Central Europeo, los problemas de la unión monetaria desaparecerían.

De hecho, esos problemas no los tiene el euro en su forma física. Los billetes de euro los produce el Banco Central Europeo, y no los bancos privados, por lo que son absolutamente seguros. Si dejáramos que los bancos privados, además de crear depósitos, pudieran emitir billetes de euros, estos serían tan frágiles como sus depósitos, pues no serían realmente dinero sino tan solo una promesa de devolver dinero, y por tanto también tendríamos problemas con los euros en forma de billetes.

Los euros digitales que utilizamos ahora son los euros depositados en los bancos privados y no son seguros. Un billete de cien euros en Grecia o en Italia tiene el mismo valor que uno de cien euros en Alemania. Sin embargo, cien euros depositados en un banco de Grecia o de Italia no son tan seguros como cien euros depositados en un banco alemán. Y la razón no es que el banco alemán invierta mejor que un banco griego o uno italiano, aunque también podría ser, sino que, en el caso de que sus inversiones fracasaran —como sucedió con el segundo banco alemán, el Commerzbank—, el Estado alemán inyectaría el dinero necesario de los contribuyentes alemanes para salvar el banco, y en cambio no está claro que este respaldo se pudiera hacer en el caso de Grecia o de Italia.

Para resolver este problema se lanzó la idea de la Unión Bancaria, que además de unificar las instituciones de supervisión y los mecanismos de resolución bancaria, exigiría la unificación de un fondo de resolución bancaria europeo para no depender de la fortaleza o debilidad de los estados. Al mismo tiempo, sería necesaria la constitución de un solo seguro de depósitos, que, de nuevo, no dependería del respaldo que pudieran dar los estados individuales sino del conjunto de la Unión Europea.

En estos momentos no existe un fondo de resolución europeo que se pueda utilizar en una crisis, ya que las fechas de su plena constitución son muy lejanas y las cantidades propuestas son claramente ridículas. Además, continúa la posición negativa de algunos estados miembros a la constitución de un único seguro de depósitos.

Hay que señalar que, si la unión monetaria no dependiera de la salud de los bancos privados, sino que hubiera un sistema de dinero digital seguro, emitido por el Banco Central Europeo, nada de esto sería necesario. No se necesitaría un fondo de resolución, ni tampoco un sistema unificado de seguro de depósitos, porque los depósitos en el Banco Central Europeo, al ser absolutamente seguros, no necesitarían el aseguramiento de nadie ni habría que pedir dinero a los contribuyentes para salvar los bancos.

Además de fortalecer el euro, la adopción de un sistema CBDC por parte del Banco Central Europeo tendría todas las ventajas que se han señalado para cualquier moneda: la unión monetaria europea no tendría que mantener una regulación ingente que impide la competencia en las actividades de préstamos y servicios de pago; no tendría por qué contar con unos entes de supervisión que intentasen, inútilmente, que los bancos de la zona euro no arriesgaran el dinero de los depositantes; no tendría que dotar al Banco Central Europeo de un poder inmenso para salvar a los bancos en casos de crisis de liquidez.

Los beneficios de dejar a los ciudadanos tener su dinero en el Banco Central Europeo son superiores a los que pueden obtener otras monedas distintas del euro. Pero esto no significa que el euro vaya a ser una de las primeras monedas que empiecen a dejar de ser frágiles y opten por el dinero seguro. La razón es que los procesos de decisión EN la Unión Europea son muy lentos. Desde este punto de vista, el Banco Central Europeo es el banco central más conservador de los países desarrollados y, de hecho, va bastante retrasado en el estudio del CBDC. No es raro que haya sido Suecia, un país europeo fuera del euro, el primer país desarrollado que se ha propuesto experimentar con una moneda segura, la *e-krona*, aunque limitada en su uso.

SE MANTIENEN LOS BENEFICIOS DEL SISTEMA ACTUAL

Entre las características más positivas de la reforma de dinero seguro hay que destacar la de que mantendríamos los beneficios que tiene el sistema actual. Por decirlo de una forma gráfica: se trata de una reforma «conservadora», que mantiene los aspectos positivos. Mejora el sistema actual, pero no se pierden algunas de sus mejores características.

Hemos analizado los cambios que se producen al comparar el sistema bancario y monetario actual con un sistema de emisión de dinero público y seguro. Y hemos señalado los beneficios más importantes que se producen al tener un dinero seguro frente al dinero frágil actual.

Pero interesa también observar que hay muchos otros aspectos que no cambian al comparar los dos sistemas. Y esto es importante porque hay otras propuestas radicales de cambio del sistema actual que, aunque tengan algunos beneficios, suscitan problemas que no tenemos ahora. Por eso es interesante resaltar que la mayoría de las características del sistema actual no cambian en un sistema de dinero público, y por tanto sus ventajas se mantienen.

Por ejemplo, la política monetaria cambia en la medida en que puede ser más eficiente, pero hay un aspecto del sistema actual muy positivo que permanece intacto: la política monetaria no solo se dedica a impedir la inflación, también puede evitar fenómenos de deflación cuya consecuencia sea un crecimiento menor del que podría tener potencialmente la economía.

Fijémonos en qué sucedería al pasar del sistema actual a un sistema de bitcoin en el que la cantidad del dinero estuviera fijada y no pueda ser variada por el Ente Emisor. Como se sabe, la cantidad de veintiún millones de bitcoin no puede ser aumentada y, por tanto, si por alguna razón se produjera una variación de los ciudadanos en su disposición a mantener el dinero en sus cuentas corrientes sin gastar y sin invertir, se podría producir una situación recesiva de la economía. Sin embargo, si pasamos a un sistema de dinero seguro CBDC se mantienen las ventajas del sistema actual de poder adaptar la cantidad de dinero a las necesidades del crecimiento potencial de la economía.

Otro ejemplo de mantener los beneficios del sistema actual es que las empresas que faciliten los préstamos o los servicios de pago seguirán siendo empresas privadas, como los bancos actuales. No tendrían la protección del Estado y, por tanto, serían más privadas que los bancos actuales. Sin embargo, hay otras propuestas radicales de reforma que pretenden que esos servicios pasen a prestarlos bancos públicos. Esto echaría a perder uno de los beneficios del sistema actual, pues los bancos públicos no solo tendrían el problema de ser tan frágiles como los bancos privados, sino que además asignarían los recursos de forma más ineficiente que las empresas privadas.

Por último, otro ejemplo de conservar una característica positiva del actual sistema es mantener la independencia o autonomía de los bancos centrales. En efecto, hay propuestas de reformas, como la denominada teoría monetaria moderna, que no solo no separan la actuación de los gobiernos de la actuación de los bancos centrales, sino que encarga a los primeros la tarea de crear el dinero. Sin embargo, en un sistema de dinero público y seguro se mantiene el beneficio de separación, autonomía o independencia entre los entes emisores y los gobiernos.

A todos los que propongan reformar el sistema monetario actual se les debería exigir, como mínimo, que no empeorásemos con el cambio, que no perdiéramos nada de lo que funciona bien ahora, que no surgieran problemas que no tenemos con el actual sistema. Y a diferencia de otras propuestas, este criterio lo cumple la propuesta de dinero seguro.

4

Beneficios de la liberalización de la banca

Puedo decir que, desde entonces [2008], no ha habido ningún aspecto del negocio bancario que no haya sido tocado por los reguladores y los supervisores.

MARIO DRAGHI, septiembre de 2018

RAZÓN DEL CAPÍTULO SOBRE LOS BENEFICIOS
DE LIBERALIZAR LA BANCA

Como hemos visto en el capítulo anterior, una reforma que simplemente acabara con la fragilidad del dinero que usamos ahora, que es el «depositado» en las cuentas de los bancos privados, tendría unos beneficios muy importantes; el más destacable es acabar con las crisis bancarias que han sido fenómenos recurrentes desde que se inventó la banca y que, con el paso del tiempo, han adquirido unas dimensiones catastróficas con daños muy graves no solo económicos, sino también sociales y políticos.

Pero también interesa resaltar que si se introduce un dinero seguro (CBDC), los ciudadanos dejarán de estar obligados a utilizar como dinero un activo financiero que es frágil por definición, con lo cual se podrían liberalizar sin miedo los mercados de préstamos y de servicios de pagos que hoy están dominados por los bancos privados.

En este capítulo explicaremos las ventajas de liberalizar el sistema bancario, que de todos los sectores económicos es quizá el más alejado del funcionamiento de una economía de mercado. Los bancos privados actúan hoy al margen de la competencia y de las reglas del mercado como consecuencia de la cantidad de elementos de protección, subsidios y otros privilegios concedidos por el Estado.

La protección del Estado no es la única causa de que la banca esté avanzando muy lentamente en ofrecer mejores servicios. El retraso de este sector en incorporar las nuevas tecnologías se debe también a que su actividad está sometida a una regulación intrusiva, en forma muy parecida a la que regía la producción en los países comunistas.

El Estado les dice a los bancos qué deben hacer, sin dejarles ninguna libertad de adecuarse a los deseos de los usuarios reduciendo el coste o mejorando la calidad de sus servicios y sin que puedan introducir la innovación en ellos. Este tipo de regulación extremadamente intervencionista ya no existe prácticamente en ningún sector de la economía una vez que han caído los regímenes comunistas. Por eso la reforma supondría una «liberación» de la banca.

Así pues, explicaremos aquí cómo los beneficios que se pueden conseguir de una liberalización de la banca —más eficiencia, mejor calidad, precios menores, más diversidad, etcétera— son similares a los que se han obtenido al introducir el mercado en el funcionamiento de otros sectores económicos.

¿POR QUÉ NO SE HA LIBERALIZADO TODAVÍA EL SISTEMA BANCARIO?

En las últimas décadas se han producido avances muy importantes en el funcionamiento de los mercados gracias a las reformas estructurales. La liberalización del comercio internacional ha aumentado de manera espectacular el nivel de vida de los habitantes de los países en vías de desarrollo, aunque ha afectado negativamente a algunas capas de población de los países del primer mundo.

Asimismo, se han implantado reformas estructurales en los mercados de trabajo (aunque en España seguimos esperando la «flexiguridad»), en las profesiones liberales y en sectores que estaban muy monopolizados, como las telecomunicaciones o el transporte aéreo. Por su parte, las nuevas tecnologías también han introducido competencia en mercados como el de las agencias de viaje o los taxis.

Sorprende que en estos mismos años no se haya avanzado nada en la liberalización del mercado de crédito y que el sector bancario haya quedado como el más protegido e intervenido de todos los sectores económicos. Esto no se puede decir del resto de las actividades del sistema financiero —las que realizan los operadores que no son bancos—, que ya están muy liberalizadas y en las que, gracias a la competencia, se han generado numerosas innovaciones que, cuando no han estado peligrosamente conectadas con las entidades de depósitos, han mejorado mucho el funcionamiento de la economía.

Es más, la propia crisis económica ha provocado una reacción contraria a la liberalización de la actividad bancaria y ha acabado generando un aumento espectacular de la protección y del intervencionismo del Estado en la banca. En efecto, durante estos últimos años se ha aprobado una regulación muy intervencionista que cubre todo tipo de requerimientos: capital, liquidez, colchones anticíclicos, la retribución de directivos, etcétera. Es una legislación muy intrusiva y espectacularmente voluminosa. Tanto la ley Dodd-Frank en Estados Unidos como la Directiva de Capital de la Unión Europea, con todos sus desarrollos reglamentarios, superan las diez mil páginas de boletines oficiales.

¿Por qué no se ha querido liberalizar la banca? ¿Por qué no se ha aplicado una reforma estructural de la banca como se ha hecho con otros sectores? La respuesta es por temor a la inestabilidad, a que surjan más crisis bancarias. El problema es que en el vigente sistema monetario, el dinero lo crean los bancos privados, y ese dinero es frágil. El dinero que los clientes tienen en sus cuentas corrientes no es «depositado» por los bancos, a pesar de llamarlos «depósitos», sino que es prestado a otros agentes. Con riesgo. Mientras esos préstamos tengan resultados positivos no hay problema, pero cuando no los tienen, aparecen las crisis bancarias.

Si hay algo que puede colapsar una economía es que el dinero deje de ser seguro, lo que sucede cuando los bancos no pueden devolver lo prometido porque lo han prestado. Para evitarlo, y mientras mantengamos el sistema monetario actual, los estados se ven inevitablemente obligados a seguir ayudando y protegiendo a los bancos, asegurándoles los depósitos, suministrándoles liquidez cuando tienen problemas, inyectando capital si entran en crisis, construyendo sistemas de resolución muy distintos del resto de las empresas, eximiéndoles de la legislación de competencia, etcétera.

Esto explica que cuando los organismos internacionales y los mismos bancos centrales exigen a los países acometer reformas estructurales para introducir competencia en muchos sectores (comercio internacional, mercado de trabajo, energía, transporte, etcétera), nunca hablan de la reforma estructural de la banca. Dicen que hay que introducir competencia en otros sectores, pero nunca proponen someter a la banca a las reglas de mercado.

Ya sabemos por qué no se ha querido liberalizar la banca. Porque si mantenemos el sistema actual de creación de dinero por los bancos privados, no nos queda más remedio que proteger a los bancos e inundarlos de regulaciones que traten de evitar las crisis bancarias.

Pero lo esperanzador es que, después de la crisis, ha surgido un conjunto de estudiosos y activistas que han propuesto que sean los bancos centrales los que creen el dinero y se deje a los ciudadanos tener sus depósitos en el Banco Central, lo que ahora no está permitido. Hoy día los bancos privados disfrutan del privilegio de tener depósitos seguros en el Banco Central, pero este privilegio desaparecería si se extendiese a todas las empresas y familias el derecho a tener ellas también depósitos en el Banco Central.

De esta forma, el dinero que usarían todos los ciudadanos dejaría de ser frágil porque el Banco Central no necesita que le aseguren los depósitos, ni que se le preste liquidez ni, por supuesto, necesita inyecciones de capital, porque no pone en riesgo el dinero de sus usuarios. Y tiene el efecto interesante de que, al no crear problemas al dinero, se podría acometer la reforma estructural de la banca, desregulándola y liberalizándola como se ha hecho con otros mercados, sin miedo a que tuviera efectos negativos en la estabilidad económica.

La competencia y la disciplina de mercado asegurarían el buen funcionamiento del mercado de crédito. No solo sería innecesaria la regulación protectora, también desaparecería la regulación prudencial específica para la banca. Tampoco serían necesarios los órganos supervisores que ahora se ocupan de que se cumplan esas regulaciones intervencionistas. Y como se ha hecho en otras reformas estructurales, todos los recursos públicos que se utilizaban para proteger y controlar un sector podrían destinarse a reforzar la regulación y supervisión de los mercados y la de protección a inversores, consumidores y usuarios.

Si el dinero dejara de ser frágil, la política de liberalización y desregulación de la banca ya no sería, como ahora, una política suicida que aumentaría el número de crisis bancarias graves, sino que pasaría a ser una reforma estructural más, con las mismas ventajas que proclaman los organismos internacionales para la liberalización de otros sectores.

LA REFORMA ESTRUCTURAL DEL SECTOR BANCARIO

En las últimas décadas se han producido avances muy importantes en la mayoría de los países gracias a las reformas estructurales. Muchos sectores han mejorado su funcionamiento: el comercio internacional, los mercados de trabajo, las profesiones liberales, las telecomunicaciones, el transporte aéreo, los horarios comerciales o el sector de los taxis. Y la OCDE nos acaba de recordar que si queremos aumentar la tasa de crecimiento del PIB per cápita, hay que seguir aplicando reformas estructurales. Pero ¿en qué consisten las reformas estructurales? ¿Qué tienen en común? Las reformas estructurales del sector privado consisten en quitar protecciones, subsidios y regulaciones que pudieron tener sentido en el pasado, pero que hoy retrasan la aplicación de nuevas tecnologías y perjudican a la mayoría de los ciudadanos porque reducen la eficiencia y, por tanto, el PIB potencial. Se llaman «estructurales» porque suponen un cambio muy importante, «estructural», en la forma en que antes funcionaban los sectores que se propone reformar.

Aunque las reformas estructurales son distintas para cada uno de los sectores (mercado de trabajo, comercio, transportes, telecomunicaciones, etcétera), ya que cada uno tiene sus peculiaridades, también poseen algunos rasgos comunes que merece la pena considerar para tener una idea de lo que podría ser una reforma estructural del sector bancario.

Un elemento fundamental es tratar de separar las actividades que pueden tener un carácter monopólico de aquellas que pueden prestarse en libre competencia sin ningún problema. En el caso de la liberalización del transporte aéreo fue muy importante separar la actividad de los aeropuertos de la actividad de las compañías de transporte aéreo, pues lo normal antes de la liberalización era que estas compañías utilizaran la gestión del aeropuerto para favorecer su negocio, simplemente dificultando que lo usaran otras compañías.

El término en inglés que se utiliza para separar estas actividades es el de *unbundling*, y esto es lo que habría que hacer para liberalizar las actividades bancarias. Es lo que permite la reforma del CBDC, ya que separa la actividad de creación del dinero de las otras actividades que prestan los bancos, como los servicios de pagos o préstamos a familias y pequeñas empresas.

En todas las reformas estructurales es importante arrancar con un inventario de las protecciones y los privilegios, así como de todas las regulaciones por medio de las cuales el Estado restringe la actividad libre de productores y consumidores. Como hemos visto, en el caso de los bancos, esa lista es impresionante, y la hemos detallado en el primer capítulo de este libro dedicado a los problemas del sistema actual.

Otro elemento habitual en las reformas estructurales es el que se denomina «re-regulación». Con esta expresión se quiere señalar que realmente la liberalización no consiste solo en desregular. En efecto, hay que suprimir las regulaciones que impiden la libre competencia y el funcionamiento del mercado; pero, por otro lado, hay que introducir una serie de regulaciones de defensa de los consumidores, defensa de los mercados (lo que llamamos legislación de defensa de la competencia o antimonopolio) y las que sean necesarias para el buen funcionamiento del mercado.

En el caso de la liberalización de los bancos esta «re-regulación» sería muy importante, y relativamente fácil de diseñar. Dado que otras actividades del sistema financiero están ya liberalizadas por completo, se ha desarrollado una legislación de defensa de los mercados y protección de consumidores que ahora apenas se aplica a las actividades bancarias pero que, al liberalizarlas, quedarían sometidas al mismo tipo de regulaciones que el resto de las actividades financieras.

Por último, un elemento esencial de las reformas estructurales es diseñar un modelo adecuado de transición del viejo al nuevo sistema. Aunque sus beneficios justifican de sobra acometer la reforma estructural de la banca, su implementación debe estudiarse cuidadosamente para evitar que se produzcan problemas en la transición de un sistema a otro. Como en todas las reformas estructurales, como la del comercio internacional o el mercado de trabajo, hay que garantizar que el paso de un sistema muy intervenido a un nuevo sistema basado en el mercado se haga con suavidad, tal como proponemos y explicamos en el capítulo siguiente.

MÁS COMPETENCIA Y MÁS INNOVACIÓN

Los beneficios de introducir competencia en el sistema bancario son los mismos que se obtienen al introducir competencia en cualquier sector de la economía. Es importante recordarlo porque muchas veces no nos damos cuenta de lo que perdemos cuando mantenemos un sector, en este caso el bancario, lleno de protecciones que evitan que la regulación se ponga al servicio de los usuarios o consumidores en vez de estar al servicio de las empresas que los producen o prestan.

La mayoría de las personas saben que el principal beneficio que se obtiene de la competencia es que mejora la calidad y el precio de los productos. En concreto, se espera que si hay competencia, los precios bajen, y es lo que pasa la mayoría de las veces. Esto sucede porque el margen de beneficio de los productores normalmente disminuye y el consumidor sale beneficiado.

A veces el beneficio de la competencia no es tanto que el precio baje como que los productos se adapten mejor a lo que quieren los consumidores que cuando el sector estaba lleno de protecciones e intervenciones del Estado. Esto se puede ver, por ejemplo, en lo que sucedió en España con la liberalización del pan. El precio del pan aumentó y, sin embargo, los consumidores están muy satisfechos porque la calidad del pan ha aumentado de manera notable, así como su variedad, con lo que la oferta se ha adaptado a los deseos de los consumidores.

Pero quizá el beneficio más importante de la competencia es que estimula la innovación. La falta de competencia lleva a que los empresarios protegidos no necesiten innovar para ganar dinero. Cuando le preguntaron a Hicks, un importante economista del siglo pasado, que definiera qué era el monopolio, contestó que era «la vida tranquila». Los empresarios no se tienen que esforzar porque no les van a quitar los clientes. Una de las principales ventajas de la competencia es el acicate que introduce a los empresarios para innovar sin parar en productos, procesos y, en general, en todo aquello que pueda servir de la mejor forma posible a los consumidores y usuarios.

Esto lo hemos podido ver a lo largo de las últimas décadas al comparar lo sucedido en el sector bancario y en el sector financiero no bancario. Sin duda, las principales innovaciones en el sistema financiero se han producido justamente en los sectores no bancarios. Volcker, que fue presidente de la Reserva Federal, llegó a decir al comienzo de la crisis de Lehman que la única innovación que se había producido en la banca en los últimos cincuenta años era el cajero automático.

Esto no es hoy totalmente cierto, porque la presión de las nuevas tecnologías está llevando a algunos bancos a cambiar y a incorporar las innovaciones, pero sin duda están progresando a una velocidad muy lenta. Normalmente, la innovación se produce fuera de los bancos —en las denominadas «fintech»— porque los nuevos entrantes no pueden competir con los bancos privados dada la inmensa protección que tienen y que hemos comentado en el apartado de «Inventario de privilegios y protecciones». Y los bancos incorporan los avances por el método de comprar a estos competidores.

Las innovaciones dependen del progreso tecnológico. La experiencia de las liberalizaciones realizadas en la segunda mitad del siglo pasado, como, por ejemplo, las de telecomunicaciones o el transporte aéreo, nos enseñan que la aplicación generalizada de las innovaciones es posible y que se propagan a gran velocidad cuando se introduce liberalización y competencia en los sectores que llevan mucho tiempo aislados de ella.

Una vez más, la historia nos enseña cómo las innovaciones no surgen en mercados en los que las empresas están protegidas por el Estado o disfrutan de privilegios que impiden la innovación. A principios de 2019 se publicó el libro *The European Guilds. An Economic Analysis*, de la historiadora británica Sheilagh Ogilvie; en él comparaba las ciudades que tenían gremios con otras donde los oficios no estaban constreñidos por sus regulaciones, y la gran diferencia entre ellas era precisamente la falta de innovación en las ciudades con gremios.

¿Podríamos imaginar cuáles serán las innovaciones en el caso en que liberalizáramos las actividades bancarias? Sin duda podríamos intentarlo, pero como señala la experiencia de la liberalización de otros sectores, siempre nos quedaríamos cortos al imaginar sus efectos. Las innovaciones que se producen en cuanto se abren mercados a la competencia superan todas las predicciones que se habían hecho antes de acometer esas reformas estructurales.

En efecto, ahora podríamos suponer, por ejemplo, que se produciría una expansión muy importante y con una diversidad enorme de las plataformas de préstamos. Y podríamos suponerlo con base en lo que hemos visto en otros sectores, como el desplazamiento por las ciudades o las reservas de restaurantes y hoteles, por mencionar algunos sectores en los que el uso de las nuevas tecnologías ha supuesto una auténtica revolución.

También podríamos imaginar las innovaciones derivadas de la inteligencia artificial y del uso de los datos, que, antes de que se hayan quitado los privilegios de los bancos, ya han permitido el nacimiento de empresas que conceden préstamos con base en unas valoraciones del riesgo de los prestatarios más efectivas que las desarrolladas por los bancos privados que estaban sustentadas en la sabiduría de los directores de oficinas locales y el conocimiento continuado de los posibles prestatarios.

Todas estas previsiones de las posibilidades de nuevos productos y servicios a los clientes, de nueva gestión del riesgo, etcétera, las hacemos basándonos en lo que ahora existe, por pequeña que sea su actividad. Pero las innovaciones más interesantes que se producen cuando se liberaliza un sector son justamente las que ahora somos incapaces de ver porque no existen. El mercado es el que obliga a las empresas a conseguir que exista todo aquello que pueda satisfacer los deseos de los consumidores.

MENOS SUBSIDIOS

Otra de las ventajas de liberalizar las actividades bancarias es suprimir los subsidios explícitos e implícitos de los que disfrutan ahora los bancos privados.

Los subsidios que el Estado otorga a los bancos privados son ingentes. Por un lado, están los subsidios directos como los del señoreaje, los que surgen de la creación de dinero. En el sistema de dinero seguro los beneficios de crear dinero pueden transferirse a los ciudadanos particulares o al Estado, que es el instrumento que los ciudadanos usan para tomar sus decisiones colectivas. Sin embargo, en el sistema actual esos beneficios no van ni al Estado ni a los ciudadanos, sino que son absorbidos por los bancos privados.

Hay otra serie de subsidios implícitos que se derivan de las protecciones y privilegios del Estado a los bancos privados. Por ejemplo, la posibilidad de obtener liquidez en cualquier momento que la necesiten. Para tener una idea del valor de este subsidio, habría que calcular cuál sería la prima que tendrían que pagar los bancos privados a una entidad privada que les asegurara disponer de liquidez cuando la necesitaran.

Habría que hacer también el mismo cálculo para conocer la magnitud de los subsidios implícitos en los otros privilegios como, por ejemplo, el de la inyección de capital en caso de riesgo de quiebra. Y de igual forma, el subsidio a los costes de financiación que significa el seguro de depósitos. Esto se podría calcular, como en el caso de la liquidez, como la prima que tendrían que pagar los bancos privados a una entidad aseguradora por asegurarle los depósitos.

Otro subsidio es el del menor coste de la financiación que obtienen los bancos del resto del sistema financiero. Aquí también hay un subsidio implícito, porque los costes de financiación son menores debido a la garantía implícita de salvar los bancos que pudieran entrar en quiebra.

Este subsidio es especialmente notable en los bancos grandes. La propia regulación prudencial impone algunos requerimientos adicionales de capital en función del tamaño, pero son cantidades ridículas si se comparan con los costes que luego les suponen a los contribuyentes.

No hay ningún otro sector de la economía que tenga tantos y tan importantes subsidios. No se ha hecho un cálculo de su cuantía, pero una de las pocas cosas que saben los economistas con certeza es que la supresión de subsidios mejora siempre el bienestar de la ciudadanía porque permite o bien aumentar el PIB empleando los mismos recursos, o bien mantener el mismo nivel del PIB utilizando menos horas de trabajo o menos recursos naturales.

OBJETIVOS SOCIALES CON MEJORES INSTRUMENTOS

Uno de los temores que suscita la idea de liberalizar los mercados de crédito y de servicios de pago es que se puedan perder los beneficios que obtienen determinados ciudadanos y empresas con el sistema actual. Por ejemplo, surge la preocupación de que las familias no podrían conseguir hipotecas a largo plazo, o que los pequeños y medianos empresarios no podrían acceder a un crédito para financiar sus inversiones.

Estos temores son normales en todas las liberalizaciones. Cuando se planteó la liberalización del transporte aéreo en España, uno de los argumentos en contra era que las compañías nacionales prestaban algunos servicios a determinadas regiones que normalmente generaban pérdidas, pero que se podían financiar utilizando los ingresos de vuelos más rentables. Se suponía que en el momento en que se liberalizara el sector, se dejarían de prestar estos servicios no rentables.

Curiosamente el resultado de la liberalización del transporte aéreo fue el contrario; aumentaron los vuelos regionales y el mapa de vuelos que antes de la liberalización tenía la forma de estrella con vuelos radiales se había convertido en una red más densa que la anterior. Gracias a la competencia empezaron a surgir vuelos de ciudades poco importantes de un país a ciudades pequeñas de ese mismo país y de otros países, trayectos hasta entonces inexistentes.

Y es que, antes de que se produzca la liberalización siempre se subestiman las posibilidades del mercado de adaptarse a los deseos de los consumidores y usuarios.

Se teme que el mercado perjudique a los más desfavorecidos. Y aunque el mercado no resuelva todos los problemas sociales, normalmente los trabajadores ven aumentar sus rentas reales, porque los precios son más bajos debido a la competencia y los ingresos se incrementan al aumentar el PIB.

La explicación de por qué se han mantenido e incluso aumentado los vuelos regionales sin subsidiar esas actividades es porque los costes de las compañías de bandera cuando no había competencia eran muy superiores a los de las actuales compañías de bajo coste, con lo cual ahora se pueden prestar esos servicios «sociales» ganando dinero cuando antes producían pérdidas.

Por otra parte, no es siempre negativo que algunos servicios dejen de prestarse o se presten en menor cantidad que cuando un sector estaba subsidiado y protegido. Es el caso, por ejemplo, de los subsidios al pan en países pobres. Es evidente que al liberalizar el pan puede subir su precio y que determinadas capas de la población tienen más dificultades para comprarlo. Aun así, interesa liberalizarlo porque este problema se puede resolver subsidiando únicamente a los más pobres, y estas ayudas siempre son más reducidas que las que se necesitan para subsidiar a todas las empresas y bajar el precio a todos los consumidores, por lo que hay menos recursos públicos para resolver el problema de los más pobres.

En el caso de un país norteafricano, el despilfarro de subsidios al pan era tan ingente que muchos ganaderos lo utilizaban para alimentar a los animales, ya que era más barato que alimentarlos con cereales. La liberalización del precio del pan permitió ahorrar esos ingentes subsidios y dedicar parte de los ahorros a subsidiar a los más pobres.

La liberalización del mercado de préstamos no obligaría a aceptar el resultado del mercado. Siempre se podría subsidiar o incentivar las financiaciones que, por los procedimientos democráticos de toma de decisiones colectivas, se consideren que el mercado no proporciona en la cantidad deseada. Pero esto siempre será menos caro para los contribuyentes y se destinará a los objetivos deseados por los electores. Es algo muy distinto de los subsidios actuales que favorecen todo tipo de préstamos como, por ejemplo, la financiación a la especulación inmobiliaria.

Esto no significa que, si se quisiera, también se podría incentivar la especulación inmobiliaria. Pero siempre que el Parlamento lo decidiera. Lo que se consigue con la liberalización es que, en principio, no se subsidia todo tipo de endeudamiento sin saber su destino en concreto y sobre todo sin que se haya decidido democráticamente. Sin embargo, no impide que si se decide por procedimientos democráticos, pueda incentivarse de manera transparente la financiación de lo que quiera la mayoría de los ciudadanos.

MENOS OPACIDAD

Una de las desventajas del sistema bancario actual es su opacidad. Los depositantes no saben que su dinero no se guarda en los bancos, sino que es invertido con riesgo.

A esto ayuda el hecho de utilizar la palabra «depósito» cuando en realidad no lo es. El seguro de depósitos también contribuye a no darse cuenta del problema de su fragilidad.

El problema de esta opacidad es que impide que funcione la disciplina de mercado; nadie se preocupa de que las inversiones se hagan bien o mal, ya que los ciudadanos no toman sus decisiones en función de ello, porque lo desconocen. Una de las funciones importantes del mercado es que los ciudadanos, cuando dejan de comprar unos productos y compran otros, están enviando a las empresas una información de lo que les parece mejor, y eso lleva a que el sistema reaccione y proporcione los productos en las cantidades y los precios que prefiere el consumidor.

En el caso del sistema financiero no bancario ahora funciona, aunque no perfectamente, la disciplina de mercado, porque son los ciudadanos los que juzgan los productos que se les ofrece —acciones, bonos, seguros, etcétera— en función de la combinación de riesgo-rentabilidad que les parece mejor. Sin embargo, en el sistema bancario esto no es así. A la gente le da igual tener el dinero en el banco más seguro que en un banco inseguro porque sabe que en ningún caso lo perderá. No castiga a los bancos que lo hagan peor ni premia a los que lo hagan mejor.

La diferencia es que con el sistema de dinero digital seguro serían los ciudadanos quienes podrían elegir entre las distintas posibilidades de invertir su dinero, como ya sucede con el resto de las actividades financieras no bancarias. Dejaría de haber opacidad porque sabrían perfectamente en qué se invertirá su dinero, ya que serán ellos los que lo decidirán y no el banco.

La desaparición de la opacidad de las actividades bancarias mejorará enormemente la eficiencia del sistema porque pasará a estar sometido a la disciplina del mercado.

MÁS DIVERSIDAD, MENOS CONCENTRACIÓN

Otra de las ventajas de liberalizar las actividades bancarias es que los ciudadanos podrán tener una mayor diversidad de posibilidades de invertir sus ahorros y una mayor variedad de ofertas de servicios de pago. La diversidad es algo que aparece siempre que se suprimen las protecciones a las empresas. En cuanto se desprotege un sector y se introduce competencia, surge la variedad y diversidad de ofertas por parte de todas las empresas.

Si observamos lo que está sucediendo ahora, podemos apreciar cómo el sistema bancario no va en el camino de una mayor diversidad sino justamente en el sentido contrario, de una mayor concentración y reducción de empresas que prestan esos servicios. Sin embargo, en el sector financiero no bancario, que está liberalizado, la diversidad es inmensa. En efecto, en la mayoría de los países los tres o cuatro bancos mayores tienen más del 50 por ciento del mercado, y en algunos más del 70 por ciento. Sin embargo, si se mira lo que sucede en un sector como el de los fondos de inversión, que está plenamente liberalizado, se comprueba que la oferta es de una variedad y diversidad enorme. Así, por ejemplo, un español puede elegir invertir entre cinco mil fondos de inversión españoles además de un número aún mayor de fondos extranjeros.

En el momento en que se liberalice la prestación de actividades bancarias veremos aparecer no solo un mayor número de ofertas, sino además con una variedad enorme. Y en el caso de que hubiera tendencias a la creación de empresas muy grandes por razón de economías de escala, esto podría corregirse, como en todos los sectores, por la aplicación de las leyes antimonopolio de defensa a la competencia.

Esta es una ventaja importante del sistema de dinero seguro: que las actividades de préstamos así como las de servicios de pago podrían someterse sin problema a las leyes de defensa de la competencia. Ahora no es posible aplicar a la banca las leyes antimonopolio o de defensa de la competencia, porque el temor a que la competencia ponga en riesgo la estabilidad de la banca y pueda aumentar la probabilidad de crisis bancarias ha llevado, en la práctica, a eximirla de la aplicación de estas leyes.

La defensa de la competencia no es una tarea fácil, como estamos viendo en el caso de las grandes empresas tecnológicas como Google, Facebook, Amazon y similares, que han adquirido un tamaño inmenso, pero por lo menos es posible aplicarle estas leyes, ya que estos sectores están liberalizados, no están protegidos por el Estado con el objetivo de evitar su fragilidad. El problema que tenemos ahora con el sector bancario es peor que el de las grandes tecnológicas porque ni siquiera es posible aplicarles las leyes de defensa de la competencia sin dañar la estabilidad del sistema monetario.

EL MERCADO REGULA MEJOR QUE LOS REGULADORES

La regulación del Estado se hace necesaria cuando se considera que el mercado no obtiene los resultados que parecen socialmente adecuados. Así, por ejemplo, en el sistema bancario actual se ha aprobado una regulación ingente para evitar que, si se deja a los bancos actuar de forma libre, asuman riesgos que aumenten la posibilidad de crisis bancarias, que generan tantos perjuicios macroeconómicos como costes para los contribuyentes.

De ahí que ahora se exijan coeficientes de capital, coeficientes de liquidez, sistemas de remuneraciones adecuados, etcétera, por medio de regulaciones. Pero la historia de la banca nos enseña que el objetivo de que los bancos aumenten su capital se consiguió mejor por el mercado que mediante las regulaciones prudenciales.

En efecto, a pesar de que en estos años se ha incrementado de manera notable todo tipo de regulaciones, la mayoría de los bancos europeos y norteamericanos no llegan siquiera al 10 por ciento de capital sobre la totalidad de sus activos. Hoy día es tan reducido el capital de los bancos que últimamente se les ha requerido a los bancos europeos que tengan al menos un 3 por ciento de capital sobre el total de sus activos. El regulador estadounidense ha fijado un mínimo del 5 por ciento.

Estas cantidades son absolutamente insuficientes para prevenir crisis bancarias. Ya se han mencionado los trabajos de Admati y otros autores que señalan la necesidad de tener al menos unos coeficientes del 25 por ciento para evitar la aparición constante de crisis bancarias. Lo curioso es que si observamos lo que sucedía en el siglo XIX, cuando no existían regulaciones de requerimientos mínimos de capital, el capital medio de los bancos estaba muy por encima de esas cifras, entre un 30 o un 40 por ciento de sus activos totales.

No es raro que el mercado obtenga determinados objetivos con más eficiencia que las regulaciones. La razón es muy simple: el mercado, es decir, los usuarios de los bancos que entonces no tenían cubiertos sus depósitos por seguros del Estado, solo estaban dispuestos a jugarse su dinero en entidades que, teniendo un capital suficiente, pudieran devolverle sus recursos.

En aquella época había además otro elemento que hacía que el mercado fuera más efectivo a la hora de aumentar la solvencia de los bancos: los banqueros eran responsables con todo su patrimonio si no cumplían su promesa de devolver el dinero de los depósitos, y esto era un incentivo más fuerte que el que pueda exigir cualquier regulación.

El mercado es una condición necesaria para obtener beneficios para todos los ciudadanos. No suele ser suficiente, y por ello es necesario introducir intervenciones del Estado con objeto de proteger a los más desfavorecidos o con el fin de propiciar financiación para inversiones que el mercado no acaba de proporcionar. Pero aunque no sea suficiente, el mercado es necesario.

Sobre todo porque hay otras intervenciones del Estado que no están pensadas para corregir fallos del mercado, sino simplemente para proteger a empresas privadas. La liberalización significa suprimir este tipo de intervenciones que perjudican a todos los ciudadanos y que además, al producir otras distorsiones, obligan al

Estado a introducir aún más regulaciones para evitar los abusos de aquellos a los que se les concedieron los privilegios.

Nos pueden servir de ejemplo los aranceles a las importaciones. Los aranceles protegen a algunos empresarios, pero estos fijan precios muy altos que perjudican a la mayoría, con lo que el Estado tiene que introducir otras regulaciones, como el control de precios, para suavizar el daño en los consumidores. La ventaja de liberalizar el comercio internacional es que ya no hace falta introducir controles de precios, porque el mercado es el que mejor regula, pues impide que los empresarios nacionales puedan subir los precios por encima de los competidores extranjeros.

5

Dudas y críticas

Cuando me llevan la contraria, se despierta mi atención y no mi cólera.

MICHEL DE MONTAIGNE

Vemos muy poco recorrido a que los bancos centrales emitan moneda digital minorista. En cambio, vemos un enorme riesgo para el sistema bancario comercial, así como desafíos políticos para los bancos centrales. Al final, nos preguntamos: ¿sobreviviría el capitalismo a la introducción del CBDC para todos? Puede ser, pero no estamos del todo seguros.

CECCHETTI Y SCHOENHOLTZ, 2018

Detrás de la mayoría de los argumentos en contra del libre mercado hay simplemente una falta de fe en la libertad.

MILTON FRIEDMAN

RAZÓN DEL CAPÍTULO SOBRE CRÍTICAS Y DUDAS ACERCA DE LA REFORMA DEL DINERO SEGURO

El sistema de dinero digital seguro es relativamente sencillo de entender, pero genera muchas dudas en quienes acaban de enterarse de que es posible cambiar el sistema vigente basado en los bancos privados. En este capítulo comentaremos esas dudas, así como las críticas que se han hecho a esta reforma.

La mayoría de los títulos de los apartados se expresan en forma de interrogación, por lo que el contenido de las cuestiones tratadas es evidente: ¿habrá suficiente crédito e inversión?, ¿se dificultará la política monetaria?, ¿aumentará la reforma la inestabilidad de los bancos?, etcétera.

Al final del capítulo trataremos otras cuestiones relacionadas con las críticas a la reforma del dinero seguro, como son la importancia de los detalles del diseño de esta reforma y, en especial, el proceso de transición del sistema actual al nuevo sistema.

También incluimos una reflexión sobre algo que debería ser obvio: que la reforma del dinero seguro no es una panacea, no resuelve todos los problemas económicos que tenemos en estos momentos, como la desigualdad en la distribución de la renta de la riqueza, el cambio climático, etcétera. Hay que decirlo, porque algunos partidarios de la reforma a veces se exceden al describir los beneficios que podrían obtenerse de ella.

VALORACIÓN, CRÍTICAS Y PROPAGANDA

El principal beneficio de tener un dinero seguro es la desaparición de los principales costes del actual sistema. Los costes más importantes del sistema actual son los daños que causan las crisis bancarias, así como tener un mercado de préstamos hiperregulado, intervenido y protegido. Podríamos decir que sus beneficios son los de una mayor estabilidad y eficiencia. Pero en realidad sus beneficios son la ausencia de daños, la desaparición de los costes que crea la inestabilidad y la falta de eficiencia del sistema actual.

Hasta el momento, han escaseado las críticas al dinero digital seguro. Da la impresión de que los partidarios del sistema actual prefieren que no se hable, que no se debata. Lo único que se puede encontrar son algunos informes encargados por las asociaciones de bancos, como el que escribió Bacchetta con ocasión del referéndum suizo de 2018.

Además, hasta la fecha ninguna de las críticas al dinero seguro ha hecho una valoración que compare los beneficios y los costes de los dos sistemas. La mayoría de las críticas se dedican simplemente a describir las posibles desventajas del dinero seguro sin relacionarlas con los beneficios obtenidos.

Algunas de esas críticas comparan el nuevo sistema con un sistema ideal de dinero y no con el sistema actual por lo que, evidentemente, detectan varios problemas. Pero son problemas que también tiene el sistema actual, si se compara con un sistema ideal, por lo que no sirve para valorar cuál es mejor.

Otro problema a la hora de analizar estas críticas es que, en la medida en que no hay una sola propuesta de dinero digital seguro, algunos críticos eligen un tipo de reforma contra la que lanzan ataques, sin darse cuenta de que las características que ellos critican no se dan en otras propuestas de dinero digital seguro y, por tanto, sus críticas no sirven para descartar las reformas de dinero seguro que no tienen las características que ellos han supuesto.

Un ejemplo de esas críticas es la que afirma que el dinero digital seguro llevaría a que la concesión de crédito sería monopolizada por el Estado, cuando en realidad sucedería todo lo contrario, ya que la concesión de crédito quedaría plenamente liberalizada y desaparecería la asfixiante intervención del Estado del sistema actual.

Se cree que, puesto que el Estado tendría los depósitos de todos los ciudadanos, sería también el que proporcionaría el crédito a familias y empresas en vez de los bancos privados. Si esto fuera así, sin duda el nuevo sistema sería un auténtico dislate, porque siempre será mejor dejar que el mercado se ocupe de asignar el crédito, ya que el Estado no está especialmente preparado para esta tarea. Pero no es así, porque en el nuevo sistema sería el sector privado, en absoluta competencia, el que se ocuparía de prestar y no el Estado.

En todas las propuestas de reforma hay una idea común —que el dinero digital frágil de los bancos privados sea sustituido por un dinero digital seguro—, pero hay otros detalles que aún no están ni definidos ni consensuados. Por poner unos ejemplos: la posibilidad o no de remuneración de los depósitos, las formas de asignación del señoreaje o los modelos de transición son con frecuencia distintos en las diferentes propuestas de CBDC.

Por eso muchas críticas en realidad no se plantean contra la reforma de dinero digital seguro sino contra un diseño concreto, contra los «detalles» de un sistema propuesto. Esto es normal, ya que la idea de dinero digital seguro está todavía en su infancia y ahora se están empezando a detallar las características de lo que puede ser el nuevo sistema y las distintas formas o procesos de transición que permitan pasar del actual sistema monetario y bancario a otro menos frágil.

¿HABRÁ SUFICIENTE CRÉDITO E INVERSIÓN?

Una de las preocupaciones más comunes entre aquellos que se aproximan a la reforma de dinero digital seguro es que, al desaparecer los depósitos de los bancos privados, habrá menos crédito y por tanto menos inversión y, como consecuencia, menos crecimiento de la economía y menos bienestar. Su razonamiento es que en el nuevo sistema el dinero depositado en los bancos centrales permanecería ocioso, no sería invertido y todo el crédito que antes prestaban los bancos privados utilizando esos depósitos ya no se prestaría, por lo que habría menos crédito y menos inversión que ahora.

Es verdad que el sistema actual incentiva y subsidia el endeudamiento de familias y empresas. Y por tanto sería posible que, al desaparecer los subsidios y los incentivos a la creación de deuda, las cifras totales de endeudamiento de familias y empresas serían menores en el nuevo sistema.

Pero esto no es necesariamente algo negativo, sino algo positivo. Al quitar esos incentivos y subsidios a la deuda, el nivel de endeudamiento será el que decidan libremente los inversores y los ahorradores. Y esto aumentará la estabilidad y la eficiencia del sistema, favoreciendo más el crecimiento que el sistema actual.

El error de esas críticas es que dan por bueno el nivel de endeudamiento y de gasto que se alcanza hoy gracias a un endeudamiento forzado por los subsidios e incentivos que tiene el dinero bancario. No hay ninguna razón para pensar que lo correcto, lo bueno para el crecimiento y el bienestar, es el aumento continuo de endeudamiento que produce nuestro actual sistema monetario y bancario.

La economía nos enseña que, en principio, las cantidades y los precios fijados por el mercado son los que mejor pueden asegurar un mayor crecimiento y bienestar. Solo si demostráramos que esto no es cierto, que no se consiguen las cantidades de crédito que a nosotros nos parecen mejores, podríamos plantearnos hacer intervenciones en el mercado y regularlo para conseguir los objetivos que el propio mercado no consiga.

Los partidarios del sistema actual utilizan la palabra «crédito» para defenderlo, en vez de «deuda», porque de esta forma el lector puede ser más favorable a aceptar que una economía en la que hay más deuda es mejor que otra en la que hay menos. Por ello dicen que el sistema actual proporciona más «crédito» que el nuevo sistema, en lugar de decir que con el sistema actual la deuda de las familias o las empresas es mayor que en un sistema de dinero seguro.

Pero si en vez de «crédito» utilizamos la palabra «deuda», la argumentación de los defensores del sistema actual se complica, pues tienen que defender que una situación en la que hay más endeudamiento es mejor que una en la que los ciudadanos y las empresas están menos endeudados. Si utilizan la palabra «crédito», les basta con decir que habrá más crédito en el sistema actual, y esto les sirve para criticar la introducción de un sistema tipo CBDC que suprime los subsidios al endeudamiento.

Otro truco de los defensores del sistema bancario actual es el engaño que hay detrás de la frase «si hay más crédito, habrá más inversión». Esta frase supone que al haber más crédito, habrá más inversión y con más inversión tendremos más crecimiento y bienestar. Esta argumentación es falsa, ya que si miramos el destino del crédito bancario concedido durante la burbuja que se produjo en Estados Unidos en los años anteriores a la crisis de Lehman Brothers veremos que menos del 30 por ciento del crédito fue destinado a inversión y que más del 70 por ciento se dedicó a la especulación, a aumentar los precios de los activos inmobiliarios, a financiar vacaciones y otros destinos que no tienen nada que ver con la inversión.

El nuevo sistema CBDC tiene dos ventajas sobre el sistema actual: por un lado, se reducen los niveles de endeudamiento y, al disminuir el apalancamiento de la economía, se acelera la recuperación después de una crisis; por otro lado, también se consigue que el destino del crédito vaya adonde quieran los ahorradores.

Dentro del grupo de críticas que auguran que en el nuevo sistema habrá menos crédito, se puede mencionar una argumentación bastante pobre que plantea que en este momento se utiliza el dinero de los depósitos bancarios para prestar y aumentar el crédito y, sin embargo, el nuevo sistema no dispondrá de ese dinero para financiar inversiones porque el Banco Central no lo prestará, y por tanto el nivel de crédito de inversión será más bajo.

Esta crítica no tiene mucho sentido, pues si encargamos al Ente Emisor la misma tarea que ahora tienen encomendada los bancos centrales, esto es, que el nivel de gasto en una economía no quede por debajo del nivel de producción potencial, es evidente que el nivel de inversión financiada por crédito junto a la financiada directamente por los particulares tendrá que situarse a un nivel suficiente para que no haya deflación, y por tanto el nivel de inversión que habrá en la economía será el necesario para que la demanda agregada de la economía sea idéntica a la producción posible.

Aunque la ciencia económica nos dice que el volumen de inversión y de crédito que determine el mercado es el más favorable al crecimiento y el bienestar en el sistema actual, podría suceder que existiese un consenso suficiente en la sociedad para no aceptar los resultados del mercado y se decidiese intervenir en el mercado de préstamos a favor de conceder crédito a algunas actividades concretas porque se crea que el mercado no ha considerado suficientemente sus beneficios.

Por ejemplo, se podría querer aumentar el crédito destinado a la inversión en energías renovables por encima del volumen que haya determinado el mercado. O se podría aumentar el crédito a cualquier otra actividad que se considerara socialmente beneficiosa y a la que el mercado no haya dedicado suficientes recursos, como hipotecas para comprar viviendas o préstamos a pequeñas empresas. ¿Qué se podría hacer en el nuevo sistema de dinero seguro? ¿Habría que conformarse con dejar funcionar sin más al mercado o se podría intervenirlo para encauzar recursos hacia estas actividades que se consideran socialmente más beneficiosas?

Esto es una decisión política y no viene determinada por tener un sistema con dinero seguro. Si la mayoría de los electores cree que no hay que corregir lo que determina el mercado, no habrá que hacer nada. Pero es posible que los electores no se conformen con los resultados del mercado y quieran introducir más o menos regulación en el mercado y orientarlo a determinadas actividades o introducir subsidios.

Todas estas decisiones son políticas y cualquiera de ellas se podría adoptar sin ningún problema en el nuevo sistema. El cambio de un sistema de dinero digital frágil a uno de dinero digital seguro permite adoptar todo tipo de políticas, desde las más liberales que creen que no debe haber intervenciones en el mercado hasta las más intervencionistas que introduzcan subsidios, regulaciones que promuevan las actividades que de forma democrática se consideren socialmente necesarias.

La ventaja del sistema de dinero seguro frente al sistema actual de dinero frágil es que esas intervenciones de corrección de los fallos del mercado serán siempre menos costosas y distorsionadoras que los subsidios y privilegios que se conceden ahora a la banca, porque estas son regulaciones que destruyen el funcionamiento del mercado. En las economías modernas hay intervenciones en casi todos los mercados para conseguir objetivos que el propio mercado no proporciona. Y en un mercado de préstamos, de crédito o de endeudamiento plenamente liberalizado también sería posible introducir regulaciones que corrigieran los resultados.

La ventaja de contar con un dinero seguro es que estas regulaciones, intervenciones o subsidios, van dirigidas directamente al objetivo de obtener unos resultados concretos, por ejemplo, proporcionar mayores recursos para inversiones en energías renovables. Lo positivo es que, en un sistema de dinero seguro, las regulaciones serían siempre menos distorsionadoras y costosas en términos presupuestarios que el subsidio general al endeudamiento que supone el sistema actual.

Las formas que pueden adoptar estas regulaciones dedicadas a corregir los resultados del libre mercado son muy variadas. Así, por ejemplo, un ente público podría subsidiar la financiación a las pequeñas y medianas empresas a través de la garantía de los préstamos. Pero también se podría emplear parte del beneficio obtenido al crear dinero para incentivar determinados objetivos de inversión u otorgar subsidios de tipo de interés, etcétera. Esto no es posible en el sistema actual, ya que el señoreaje se queda en la banca privada.

Y no hay que olvidar que los costes de las intervenciones en un sistema de dinero seguro serán siempre menores que los costes del sistema actual, que son los de poner en riesgo el dinero además de los de renunciar a las ganancias de eficiencia que se obtendrían con la liberalización del mercado de préstamos.

Hay muchas formas de reorientación de los resultados que se producen cuando se deja funcionar libremente el mercado. Pero a nadie en su sano juicio se le ocurriría que para aumentar la provisión de un bien (en este caso el crédito), se otorgue al que lo suministra (en este caso unas entidades financieras privadas) el derecho a crear dinero. O darles la posibilidad de no cumplir con el contrato de depósito y utilizar los fondos de los particulares para prestarlos a otros.

¿QUIÉN HARÁ LA TRANSFORMACIÓN DE PLAZOS?

Las crisis bancarias han generado siempre una reacción de la opinión pública contraria a los bancos privados. Y ante esta reacción surgieron algunos trabajos de académicos que intentaban calmar la indignación de la opinión pública «demostrando» las virtudes del sistema bancario privado.

Una de las ideas más antiguas utilizadas para defender a los bancos privados y justificar la excepcional protección por parte del Estado es que los bancos cumplen una función trascendental, importantísima: la «transformación de plazos»; según ellos, si los bancos no existieran, no obtendríamos los beneficios de esta función.

Esta teoría supone que los ahorradores desean tener fondos que puedan recuperar a muy corto plazo y, sin embargo, los inversores quieren préstamos a largo plazo. Los ahorradores no están interesados en colocar sus ahorros en activos a largo plazo porque quieren que esté disponible en todo momento y esto solo pueden conseguirlo con el dinero digital de los bancos privados, los depósitos bancarios. Por otro lado, los inversores, que necesitan ampliar una fábrica o abrir un comercio, quieren hacer gastos importantes en capital físico, pero querrían devolverlo en plazos largos para reembolsar el préstamo con los beneficios que genere esa inversión.

El razonamiento acaba diciendo que esta función de «transformar los plazos» es la típica que realizan los bancos, y que si no hubiera bancos nadie la realizaría. Subliminalmente se transmite la idea de que esto justifica dar a la banca privilegios o protección, porque si no se la protegiera nadie prestaría esta importante función. Estos autores son críticos con el dinero público y seguro porque el dinero quedaría inactivo en los bancos centrales sin que pudiera producirse la transformación de plazos.

Lo primero que se puede decir de esta idea es que no sabemos cómo se produciría esta transformación si se dejara al mercado actuar. A priori, y por lo que sabemos de otros sectores, podemos esperar que si realmente hubiera esa necesidad distinta de ahorradores e inversores, el mercado les daría satisfacción sin necesidad de proteger a nadie.

Sin necesidad de tener mucha confianza en el mercado, podríamos preguntarnos si en realidad las personas solo están interesadas en colocar sus ahorros en el corto plazo y las empresas únicamente quieren recursos a largo plazo. Es posible que esto no sea así y que haya personas que quieran invertir sus ahorros a largo plazo, por ejemplo, pensando en su jubilación. Y puede haber intermediarios, como los fondos de pensiones, que tomen dinero de estos ahorradores y que ofrezcan dinero a largo plazo a los que quieran ampliar fábricas o crear nuevas empresas.

De esta forma, quienes deseen obtener préstamos a largo plazo podrían obtener sus fondos de ahorradores interesados en el largo plazo, de fondos de pensiones o empresas de seguros. También los mercados generarían soluciones que no necesitarían las protecciones de los bancos para satisfacer necesidades de obtener dinero en el corto plazo a través de mercados secundarios. Así, por ejemplo, el mercado de bonos permite a los ahorradores invertir en productos a largo plazo y a la vez, gracias a la liquidez de los mercados secundarios, los ahorradores pueden obtener su dinero en un plazo más corto que el establecido en el bono.

Pero todas estas consideraciones no tendrían sentido si los bancos proporcionaran a ahorradores e inversores esta fórmula de transformación de plazos sin ninguna protección del Estado. En ese caso habría que rendirse ante este argumento y señalar que esa función de trasformación de plazos habría que verla como muy positiva.

Pero la cuestión no es esta, sino si el Estado debe perjudicar el funcionamiento del mercado de préstamos y conceder a los bancos un número ingente de protecciones y a la vez de intervenciones para que puedan hacer esa transformación de plazos, que no harían si no las tuvieran.

Por tanto, los defensores de mantener el sistema actual porque los bancos proporcionan esta función tan valiosa deberían demostrar lo siguiente:

1. Que el mercado no conseguiría poner de acuerdo los deseos de ahorradores e inversores.
2. Que esta función de trasformación de plazos es tan valiosa que justifica todas las protecciones y los privilegios que el Estado concede a los bancos.
3. Que los beneficios de esta transformación de plazos son mayores que los perjuicios derivados de las crisis bancarias y la ineficiencia de un sistema fuertemente intervenido.

Y esto, desde luego, no lo han hecho los críticos que se han ocupado de esta cuestión, pues siempre hacen su valoración como si los bancos proporcionaran esta función en condiciones de mercado, sin ninguna protección del Estado, sin ningún intervencionismo y, por tanto, sin ningún coste para los ciudadanos.

¿SE DIFICULTARÁ LA POLÍTICA MONETARIA?

Quizá parezca curioso que, aunque uno de los beneficios que se conseguiría con el nuevo sistema sería la mayor efectividad de la política monetaria, algunos críticos piensen lo contrario. La argumentación más habitual de esta crítica viene a decir que, puesto que el Banco Central ya no controlaría el tipo de interés, porque este lo fijaría el mercado, no sería posible hacer política monetaria.

Es verdad que el Banco Central ya no intervendría los tipos de interés y que estos los fijaría el mercado de acuerdo con los deseos de los ahorradores y los inversores. Pero esto no significa que la política monetaria sería menos efectiva o difícil de implementar. En realidad, piensan esto porque, como desde hace algunos años el instrumento esencial de la política monetaria ha sido el control de los tipos de interés, no pueden imaginar que pueda haber política monetaria sin controlarlos directamente.

Es interesante comparar cómo funciona la política monetaria en los dos sistemas. En ambos se busca adaptar la cantidad de dinero al objetivo de inflación elegido. En un sistema CBDC el instrumento fundamental es la cantidad de dinero que decide crear el Banco Central o el Ente Emisor, y este dinero se asigna directamente a los ciudadanos o al Estado, a los que, por tanto, se les otorga una mayor capacidad de gastar y de invertir. Esto haría que la política monetaria fuera más efectiva que la actual que controla la cantidad de dinero de manera indirecta a través del tipo de interés. En realidad, el Banco Central no controla la cantidad de dinero, solo influye indirectamente en su creación. Lo que hace ahora el Banco Central es manejar algunos tipos de interés para intentar que cambien los tipos de interés del mercado y esperar que los bancos privados reaccionen ante estos cambios creando más o menos dinero, dando más o menos crédito.

La reciente crisis nos ha mostrado las enormes limitaciones que tiene la política monetaria en el sistema actual, en el que los bancos deciden la creación de dinero. Hemos visto cómo ha habido que olvidar prácticamente los instrumentos tradicionales y crear otros nuevos, los llamados instrumentos no convencionales como la expansión cuantitativa. Y hemos visto cómo estos instrumentos han tenido efectos en el precio de los activos que han aumentado la desigualdad en la riqueza.

En un sistema CBDC, en la medida en que aumenta directamente la cantidad de dinero, la efectividad de la política monetaria es mayor y no tienen por qué producirse efectos negativos en la distribución de la riqueza como los que hemos visto durante la crisis. Pero además es evidente que el aumento en la cantidad de dinero en el nuevo sistema tendrá también un efecto indirecto en el tipo de interés, y aunque no sean decididos y controlados por el Banco Central, puesto que serían decididos por los agentes privados, los tipos de interés se reducirían cuando aumentase la cantidad de dinero y se elevarían cuando los incrementos de la cantidad de dinero quedasen por debajo del nivel necesario para facilitar el crecimiento de la productividad y del objetivo de precios.

En resumen, la política monetaria cambiará, pero a mejor, tendrá una mayor efectividad y menores efectos negativos en la distribución de la riqueza. También la desaparición de las burbujas de crédito conseguirá que la política monetaria tenga un comportamiento más suave, menos violento, dado que las oscilaciones de la economía no vendrán determinadas por aumentos espectaculares y espasmódicos del crédito sino por otras variables y otros factores que no tienen los efectos explosivos del crédito bancario.

¿LA REFORMA SUPONE UNA MAYOR ESTATALIZACIÓN?

La idea de que el dinero pase de ser creado por entidades privadas, como son los bancos comerciales, a ser emitido por el Estado a través de un Ente Emisor o Banco Central, transmite a algunos la imagen de que el Estado adquiriría una mayor importancia en el nuevo sistema. Pero esto es falso.

A esta idea han podido contribuir algunas de las denominaciones bienintencionadas del nuevo sistema como, por ejemplo, la de *sovereign money*. Sin duda, esta es una denominación correcta porque es verdad que el dinero pasa a ser emitido por un ente público en vez de por unos entes privados, pero puede alimentar la creencia de que el sistema anterior era privado y que el dinero seguro sería un sistema público en el que el Estado tendría un mayor peso.

Para valorar esta crítica basta con comparar el peso y la importancia del Estado en el viejo sistema frente a un sistema de dinero seguro CBDC. Si hacemos esto, lo que vemos es que se produce una reducción del papel del Estado en las actividades bancarias que pasan a ser plenamente realizadas en condiciones de mercado y de competencia. En los dos sistemas el mercado y el Estado cumplen un papel, y lo interesante es ver cómo se asignan esos papeles en un sistema y en el otro.

Al final, en las reformas de todos los sectores —como pueden ser las del comercio internacional, los mercados de trabajo, las telecomunicaciones, el transporte aéreo, etcétera— lo que se intenta es dejar que el Estado se ocupe de aquellas funciones en las que tiene una ventaja y, en cambio, dejar al mercado que funcione sin intervencionismo en aquellas funciones y actividades en las que los resultados son mejores si el Estado deja de regularlas y protegerlas.

El dinero seguro CBDC permite liberalizar y desregular los servicios de pagos y las actividades de préstamos a empresas y familias. Y esto se puede hacer si se deja al Estado ocuparse del dinero y que no sean los bancos privados los que lo creen. Pero que el Estado se ocupe exclusivamente de algunas funciones públicas y que esto mejore el funcionamiento del mercado no es paradójico, sino algo que se ha producido en otros casos.

Por ejemplo, la aparición de las ciudades al final de la Edad Media permitió un desarrollo del mercado importante, y eso tuvo bastante que ver con el carácter público que tenían las calles de esas ciudades. En el sistema feudal, los señores eran propietarios de los caminos y solo transitaban por ellos quienes ellos querían. Sin embargo, en la ciudad las calles eran públicas, lo que permitió un mayor desarrollo de las transacciones y de los acuerdos entre los agentes económicos, que son la clave del funcionamiento del mercado.

Otro ejemplo podrían ser las ventajas de que el Estado, en la mayoría de los países, se haga cargo de la policía y la seguridad de los ciudadanos. En las sociedades poco desarrolladas la seguridad estaba en manos de los ciudadanos. En el Lejano Oeste, quien quería proteger a su familia y su propiedad se ocupaba de que todos los miembros de la familia tuvieran armas de fuego. Sin embargo, en las aglomeraciones urbanas es absurdo dejar la seguridad a los ciudadanos. Dejar la seguridad en manos privadas al final da como resultado un sistema más inseguro y por tanto menos defensor de la libertad de los ciudadanos que entregar el monopolio de la policía a un ente público.

En la versión ilustrada del liberalismo no cabe la idea de que una sociedad sea mejor cuanto menos Estado tenga, sino algo muy distinto, y es que el Estado debe limitarse a prestar aquellas funciones que realiza con mayor eficacia que si se dejan en manos de los individuos. La divisa del partido socialdemócrata alemán del congreso de 1959 en Bad Godesberg, «tanto mercado como sea posible tanto Estado como sea necesario», expresa bastante bien esta idea de asignar al mercado todo lo que puede hacer y utilizar el Estado solo para aquellas funciones que son necesarias y que no puede prestar el mercado pero que, sin embargo, facilitan el funcionamiento de este último.

Además, como hemos señalado, el nuevo sistema permite la reducción del papel del Estado en asuntos como los préstamos y servicios de pago, asimismo, se puede ver la disminución del poder del Ente Emisor, el sucesor de los bancos centrales del sistema actual, y por tanto también el del Estado.

Como hemos visto durante la reciente crisis, los bancos centrales inyectaron enormes cantidades de dinero en los bancos y ahora son grandes poseedores de activos financieros. El nuevo Ente Emisor no tendrá este poder, sino que será más limitado porque el actual sistema le permite, excepcionalmente, aumentar sus activos de manera espectacular, mientras que en el nuevo sistema el dinero creado pasaría siempre a poder de los ciudadanos y serían ellos los que decidirían si quieren gastarlo o comprar los activos que deseen.

También en el sistema CBDC el Estado pierde el poder de aumentar o disminuir los beneficios de los bancos privados a través de la regulación, la supervisión y las operaciones de los bancos centrales. Este menor poder que tendrá el Ente Emisor del nuevo sistema es otra muestra de que las críticas de estatalización del sistema de dinero público y seguro son absolutamente infundadas.

¿LA REFORMA AUMENTARÁ LA INESTABILIDAD DE LOS BANCOS?

Esta crítica la plantearon algunas autoridades y académicos, muchos de ellos muy prestigiosos. Aunque no deja de ser paradójico que, siendo la estabilidad la principal ventaja de un sistema de dinero seguro, se piense que podría aumentar la inestabilidad. Hoy ya hay respuestas académicas que han refutado estas críticas, y son pocos quienes las utilizan, pero merece la pena considerarlas en este capítulo porque fueron muy comunes al principio, cuando se lanzó la idea del CBDC para acabar con las crisis bancarias.

Esta crítica viene a decir lo siguiente: en el momento en que se dejase a los ciudadanos tener depósitos en los bancos centrales estos serían absolutamente seguros. Entonces los bancos solo podrían atraer clientes a sus depósitos si ofreciesen unos tipos de interés altos que compensasen la pérdida de seguridad de su dinero. Pero en el momento en que surgiera la mínima idea de inestabilidad o de posible crisis, los depósitos en los bancos privados se trasladarían de inmediato, a la gran velocidad que la tecnología digital permite, a los bancos centrales. Los bancos privados se «vaciarían» y se desataría una crisis bancaria de grandes dimensiones y con una rapidez imposible de contrarrestar.

Esta crítica argumenta que, aunque el objetivo de una reforma CBDC es aumentar la estabilidad, paradójicamente lo que aumentaría sería la inestabilidad del sistema financiero al facilitar las crisis bancarias, que además serían de un tamaño mayor.

El fallo de esta crítica es que supone que se introduce un dinero seguro, pero no se quitan las protecciones del Estado a los bancos. En ese caso es verdad que competirían los dos tipos de dinero y se producirían los efectos mencionados. Pero es que en un sistema CBDC sería absurdo mantener las protecciones a los bancos. Esas protecciones estaban justificadas para dar seguridad a un dinero frágil, pero si ahora los ciudadanos pueden acceder a un dinero seguro no hay ninguna razón que justifique mantenerlos.

Si hay una alternativa de dinero seguro y los bancos dejan de tener todos sus privilegios y protecciones, no será necesario prohibirlos. Nadie podrá ofrecer lo que ahora ofrecen los bancos, ni aunque ofrezca tipos de interés altísimos porque su negocio solo es viable si se mantiene ese cúmulo de protecciones. No competirá el dinero privado con el dinero público porque ninguna empresa privada sin protecciones podrá ofrecerlo.

Otra cosa es que, como toda liberalización y supresión de privilegios, se debe diseñar una transición que permita a los nuevos operadores adaptarse a la libre competencia sin ningún género de protecciones. Y esto podría llevar a que existiera un periodo en que los ciudadanos tuvieran cuentas corrientes en el Banco Central y a la vez en los bancos privados.

Para introducir un dinero digital seguro hay algunas fórmulas de transición, como la expuesta por Ben Dyson en Positive Money, que consiguen que en ningún momento los depósitos de los bancos privados compitan con los depósitos en el Banco Central. La idea sería hacer una transición rápida, inmediata, sustituyendo los depósitos de los bancos privados por préstamos del Banco Central. De esta forma no habría problemas de inestabilidad. Además, tendría la ventaja de que para el resto de las actividades bancarias, y en especial para el negocio de préstamos, se facilitaría a los bancos privados una adaptación gradual al nuevo sistema; esto se conseguiría por unos calendarios de amortización de los préstamos al Banco Central que permitirían a los bancos privados ir sustituyendo la financiación privilegiada de los depósitos por la financiación que puedan ir obteniendo en el mercado.

De este modo, la transición sería rápida para aquello que podría crear inestabilidad —los depósitos bancarios—, mientras que sería lo bastante lenta para que el mercado de préstamos pasase a estar sometido a la disciplina de mercado y no fuertemente intervenido como sucede en la actualidad.

Recientemente, otros autores han demostrado que tampoco habría problemas de inestabilidad incluso sin necesidad de hacer un traspaso inmediato de los depósitos bancarios al Banco Central. Según ellos, bastaría con que el Banco Central fuera prestando a los bancos privados las mismas cantidades que perdieran al trasladarse sus depósitos al Banco Central.

Lo más interesante de esta crítica es que implícitamente admite que en el estadio final el sistema CBDC es más seguro que el sistema actual y que puede haber problemas en la transición de un sistema a otro. Y esto es cierto. Como en todas las liberalizaciones, el resultado de la introducción de la competencia solo es plenamente positivo si se diseñan las transiciones de manera correcta.

ENGAÑOS Y FRAUDES: LA PROTECCIÓN DE INVERSORES Y USUARIOS

Una de las críticas al nuevo sistema es que en la medida en que se liberalice el sector bancario será más fácil para los bancos engañar y defraudar a los usuarios, como han hecho a lo largo de esta crisis. Supone que habrá más engaños porque habrá menos protección de los usuarios por parte del Estado al liberalizar el sistema.

Empecemos reconociendo algo que es obvio, y es que el fraude y el engaño persistirán en el nuevo sistema como sucede en todo el sistema financiero y en todos los sectores económicos. Pensemos, por ejemplo, en el comercio de reliquias de santos, que fue un *boom* increíble en la Europa del siglo XVI. Quien visite el monasterio de El Escorial se quedará impresionado por el tamaño y la magnificencia de sus dos relicarios, y es que Felipe II, gran aficionado a coleccionarlas, llegó a tener más de siete mil reliquias. El fraude en el negocio de las reliquias fue inmenso. Si todos los dedos de san Juan que hay en los tesoros de las iglesias fueran auténticos, este santo habría tenido sesenta dedos y no diez como los demás hombres.

En todo el comercio de bienes y servicios se producen fraudes y engaños. Hoy se producen en los bancos, pero también en el resto del sistema financiero, como, por ejemplo, los que se han conocido en los gestores de patrimonio o en los sistemas Ponzi. Podríamos, pues, despachar como irrelevante esta crítica diciendo que el fraude y los engaños son un ejemplo más de los problemas que no resolvería el nuevo sistema. Son problemas que tenemos ahora y que tendremos después, y no empeorarían por tener un dinero seguro.

Pero podemos decir algo más y es que, de producirse algún cambio con la introducción del dinero seguro, iría en el sentido de reducir algo los fraudes y mejorar la protección del consumidor. La razón es que la actividad bancaria hoy es extremadamente opaca si se compara con el resto del sistema financiero. Los usuarios de los bancos no saben muy bien en qué está invertido el dinero de los depósitos, mientras que, por ejemplo, los partícipes de los fondos de inversión saben perfectamente en que está invertido su dinero. Por ello, si se liberaliza el mercado de préstamos, las posibilidades de proteger al usuario y que este se proteja mejor a sí mismo son mayores que en un sistema opaco como el sistema bancario actual.

Por otra parte, como hemos explicado, hoy los recursos de regulación y supervisión se dedican a proteger e intervenir en las decisiones económicas de los bancos. Al pasar al nuevo sistema todos estos recursos podrían dedicarse a la protección de los usuarios y la persecución del fraude, con lo que cabría esperar que aumentase la protección de los usuarios.

¿ES BASILEA III SUFICIENTE PARA EVITAR LAS CRISIS?

Muchos defensores del sistema actual dicen que no hay necesidad de cambiar el sistema monetario porque Basilea III, la reacción regulatoria a la gran crisis bancaria de 2008, es una respuesta suficiente a los problemas que se han detectado en el sistema bancario. Consideran que la regulación y la supervisión que había antes fueron responsables de la crisis mundial, pero que ahora podemos estar tranquilos porque ya han sido reformadas profunda y extensamente. Sin embargo, hay varias razones para pensar que las reformas de Basilea III no pueden resolver el problema.

La primera razón es que la exigencia de aumentar el capital sobre el total de activos de los bancos ha sido mínima. Cuando se inició la crisis, el capital de los bancos europeos estaba por debajo del 2 por ciento del total de sus activos, y en Estados Unidos por debajo del 3 por ciento. Ahora, en Estados Unidos los bancos tienen un capital en relación con el total de los activos del orden del 5-10 por ciento, y en Europa hay todavía bancos que no llegan al 3 por ciento.

Estas cifras no garantizan ni de lejos que no se puedan producir otra vez unas crisis parecidas a las que hemos vivido. Esto se puede entender fácilmente si nos damos cuenta de que, incluso cumpliendo esos requerimientos de capital, los bancos pueden financiar el 90-95 por ciento del valor de sus activos con recursos ajenos y no de los accionistas.

Otra razón para preocuparse y para dudar de que Basilea III sea el bálsamo que nos evitará las crisis sistémicas es que, al margen de que el aumento de los requerimientos de capital haya sido mínimo, el intervencionismo del regulador en la gestión de los bancos ha aumentado exageradamente y ello sin duda tendrá efectos negativos en la rentabilidad de los bancos. De hecho, unos bancos muy poco rentables son un peligro para el sistema de dinero privado que tenemos en la actualidad.

Además, aunque admitiéramos que Basilea III pudiera tener algún efecto en reducir la frecuencia de las crisis bancarias, se seguirían manteniendo otros problemas del sistema actual, como los efectos económicos de las burbujas, la incapacidad de los instrumentos de política monetaria para suavizar las recesiones, la ineficiencia en la prestación de servicios de pago y préstamos, etcétera. Estos efectos negativos del sistema actual no deben ser subestimados; al contrario, deben tenerse muy en cuenta, porque el sistema actual no solo tiene costes durante las crisis, sino costes permanentes derivados de un sistema de protección e intervencionismo absolutamente ineficiente.

EL DINERO SEGURO NO ACABARÁ CON LAS CRISIS FINANCIERAS

Una de las críticas más comunes al nuevo sistema es que, aunque se admita que ya no se podrían producir crisis bancarias, se subraya que no se habrá avanzado gran cosa porque seguirá habiendo crisis financieras y, por tanto, seguiremos sufriendo los daños creados antes por los bancos pero ahora producidos por otras entidades financieras.

En la medida en que, por definición, todos los contratos financieros significan la adopción de un riesgo, es evidente que los fracasos financieros seguirán produciéndose. Aunque las ganancias sean el resultado normal de esas apuestas, es inevitable que en algunos casos se produzcan pérdidas como consecuencia de los errores en las previsiones que los agentes tenían cuando acordaron dichos contratos.

No solo continuará habiendo fracasos en contratos concretos, sino que también seguirán produciéndose fenómenos de comportamiento de rebaño y pánico. En tales casos, el número de fracasos puede llegar a ser importante y simultáneo en el tiempo, y cuando sucede así los denominamos «crisis financieras». Estas crisis se han producido a lo largo de la historia y seguirán produciéndose, porque están en la naturaleza de las operaciones financieras. Son muy visibles, por ejemplo, las crisis que se producen en el mercado de acciones, o en el de bonos, pero también se pueden producir en otros tipos de mercados como el de seguros o los mercados monetarios.

Esta crítica se suele expresar así: «Con el nuevo sistema desaparecerán las crisis bancarias, pero subsistirán las crisis financieras, con lo cual no habremos ganado nada». ¿Es esto cierto?

Que se podrán producir crisis financieras no bancarias es verdad. Lo que no es cierto es que no se gane nada por haber acabado con las crisis bancarias.

En efecto, en el nuevo sistema subsistirán las crisis financieras. Las actitudes gregarias y los pánicos están en la naturaleza humana y por tanto seguirá habiendo burbujas especulativas, subidas y descensos espectaculares en las bolsas y en otros valores y también seguirán quebrando entidades financieras, como, por cierto, también quiebran las empresas no financieras.

Lo que no es cierto es que no hayamos ganado nada. Porque, como hemos explicado, las crisis financieras no bancarias no tienen, ni de lejos, los gigantescos costes de las crisis bancarias. Por un lado, sus efectos macroeconómicos, esto es, los efectos en el PIB o en el desempleo son mínimos y su duración es muy corta si se compara con las crisis bancarias. Los efectos de estas crisis pueden ser muy serios, pero exclusivamente para aquellos que están involucrados en los productos de las entidades financieras no bancarias. A diferencia de las crisis bancarias, las demás crisis financieras no tienen los mismos efectos macroeconómicos devastadores, no dañan a los ciudadanos que están al margen de sus contratos y tampoco tienen efectos presupuestarios, ya que el Estado no está obligado, como en las crisis bancarias, a ayudarles para evitar las consecuencias del fracaso del dinero frágil.

Además, hay que subrayar que con el dinero seguro no solo nos ahorraremos las crisis bancarias, sino también las de la llamada banca en la sombra porque, como se ha demostrado en la reciente crisis, los estados han tenido que ayudar y salvar instituciones que no eran bancos, pero que estaban íntimamente relacionadas con los dos lados de los balances de los bancos de depósitos. Aunque no eran bancos, ponían en riesgo el dinero y el crédito del actual sistema en la medida en que su crisis afectaba gravemente, bien al activo de los bancos de depósitos (por ejemplo, los productos tóxicos, o los bonos municipales), bien a su financiación, como sucedió con los fondos monetarios en Estados Unidos.

En el nuevo sistema seguirá habiendo crisis de estas instituciones, pero ya no tendrán el efecto de colapsar el dinero y de frenar el crédito, y por tanto sus efectos quedarán reducidos a los que suscribieron los contratos correspondientes.

Las crisis financieras pueden tener un impacto macroeconómico debido al efecto riqueza, en la medida en que la riqueza de los participantes en esos contratos se reduce, y al afectar a un número considerable de personas, en teoría podría tener un efecto macroeconómico importante. Pero de hecho no lo tienen, o lo tienen muy reducido. Los inventarios de las crisis financieras (por ejemplo, el de Kindleberger, el de Reinhard y Rogoff o el más reciente de Brunnermeier) muestran que las crisis financieras más dañinas son las bancarias. Los datos históricos demuestran que las recesiones producidas por las crisis bancarias son más profundas, y también que salir de ellas, esto es, la recuperación de la economía, es más lento que en las demás crisis financieras.

No es este el lugar para analizar cuáles son las razones por las cuales las crisis bancarias son más dañinas, aunque sin duda es un tema interesante. Probablemente la razón fundamental es que las crisis bancarias se producen después de unas enormes burbujas de crédito que aumentan el endeudamiento de manera notable y que esto, aparte de perjudicar la eficiencia del sistema durante la propia burbuja, produce un apalancamiento excesivo que es difícil reducir una vez que se ha producido la crisis.

Por otro lado, en la medida en que las entidades no bancarias no están intervenidas y protegidas por el Estado, el mercado puede funcionar sin problemas, y son los propios mercados los que corrigen más rápidamente los excesos de pesimismo que se pueden producir durante los fenómenos de pánico de las crisis financieras no bancarias.

Aunque sea muy interesante el análisis de las razones por las cuales las crisis bancarias tienen unos efectos catastróficos que no tienen las crisis financieras no bancarias, lo que nos interesa destacar aquí no es tanto el porqué, sino simplemente el hecho de que sus efectos son más devastadores; además, que la desaparición de las crisis bancarias con la introducción del CBDC puede ser un avance muy importante para mejorar el crecimiento y el bienestar de nuestras sociedades.

Por último, esta crítica nos lleva a ser más conscientes de que el problema del sistema actual no es que los bancos entren en crisis, porque esto es algo normal y consustancial a cualquier entidad financiera. El problema es que, al ser los bancos privados los que ahora crean y registran el dinero en sus ordenadores, las crisis bancarias afectan a la creación del dinero en la economía, mientras que el resto de las entidades financieras no bancarias no colapsan la creación del dinero y del crédito cuando entran en crisis.

La otra diferencia de las crisis bancarias cuando se las compara con el resto de las crisis financieras es que los daños de estas últimas son asumidos o pagados por los que participaron en las actividades financieras que las provocaron, mientras que los daños de las crisis bancarias son pagados por contribuyentes que no han tenido ninguna participación en las actividades que las precipitaron.

Al descubrir que una de las características más importantes del sistema actual es la no separación del dinero de las actividades bancarias, el lector ya se habrá dado cuenta de que esas dos diferencias —la de que los daños de las crisis bancarias son mayores que los del resto de las crisis y la de que los costes de las crisis bancarias los pagan los contribuyentes— están estrechamente relacionadas. Las crisis financieras no bancarias no afectan a un bien público como es el dinero, y por ello los contribuyentes no están obligados a reparar sus daños. Las crisis bancarias destrozan un bien público —el dinero—, por lo que su reparación debe ser pagada por todos.

EL MERCADO INVENTARÁ SUSTITUTOS DEL CBDC Y NO HABREMOS RESUELTO NADA

Esta crítica es una variante de la anterior. Viene a decir que «no solo habrá crisis financieras no relacionadas con el dinero, sino que también habrá crisis de dinero, equivalentes a las crisis bancarias actuales, porque el mercado es muy sabio y creará o inventará productos similares a los del dinero actual y estos productos podrán entrar en crisis con las mismas consecuencias que tienen hoy las crisis bancarias y el Estado tendrá que acudir en su ayuda».

El primer error de esta crítica es suponer que sería fácil crear un sustituto del dinero digital seguro. Este error surge de pensar que el dinero digital seguro seguiría siendo un activo financiero de plazo muy corto, por lo que sería similar al dinero frágil del sistema actual. Es verdad que ahora es perfectamente posible que aparezcan sustitutos del dinero frágil actual que sean tan frágiles como los depósitos. Un ejemplo de ello fueron las participaciones en los fondos monetarios estadounidenses que fueron percibidos como un activo equivalente a los depósitos bancarios.

Esto fue posible porque el dinero frágil del sistema actual no es en realidad dinero, sino que, y esta es la fuente de sus problemas, es un activo financiero con riesgo. El dinero digital actual es una promesa de devolver dinero, pero no es propiamente dinero, como lo son los billetes o los depósitos en los bancos centrales. Y desde luego que un activo financiero con riesgo podría ser sustituido por otro activo financiero con riesgo. Sin embargo, el dinero digital seguro no tiene riesgo, y por ello no es posible que el mercado cree un activo financiero que sustituya al dinero seguro, ya que cualquier activo que cree el mercado tendrá riesgo y, por tanto, no será comparable al dinero.

Hay otra variante de esta crítica, y es la que se preocupa de la inestabilidad de los productos financieros que, sin ser dinero, son también muy frágiles y propensos a las crisis. Estos críticos aceptan la diferencia que existe entre activos financieros y dinero, pero consideran que los activos financieros a corto plazo son también muy peligrosos y necesitarían de una regulación especial.

La primera respuesta a esta crítica es que, en caso de que suceda así, se podría buscar una regulación especial para evitar los problemas de estos activos; pero es evidente que con el dinero seguro habríamos resuelto los problemas relacionados con el dinero y, por tanto, esta crítica no debería frenar la reforma de dinero seguro, sino simplemente decir que es insuficiente y que deberíamos mantener algo de regulación para afrontar los problemas que pudieran plantear los activos financieros a muy corto plazo.

Sin embargo, y sin negar que pueda ser posible, no hay ningún dato ni experiencia histórica que respalde este temor. Sin duda, ha habido crisis de activos a corto plazo y quizá la más famosa fue la de los instrumentos del mercado monetario en Estados Unidos en la pasada crisis, pero hasta ahora todas estas crisis han estado relacionadas con las entidades de depósitos, porque fundamentalmente eran un elemento muy importante de financiación de los bancos.

Por otro lado, los numerosos organismos de la supervisión macroprudencial que han sido creados estos años para prevenir posibles crisis sistémicas no han detectado hasta ahora peligros de crisis no bancarias. El 90 por ciento de sus estudios siguen tratando problemas de burbujas de créditos, exceso de apalancamiento, etcétera, todos relacionados con los bancos. Todavía ningún organismo ha imaginado una posible crisis de la banca en la sombra o de los títulos a corto plazo que no estuviera relacionada con bancos y que pudiera tener las consecuencias catastróficas de las crisis bancarias.

Esto no significa que no sean posibles estas crisis y por ello sería razonable mantener la vigilancia macroprudencial de estos productos durante algún tiempo. En todo caso, la posibilidad de que pueda surgir alguna crisis de estos títulos no es un argumento para no contar con un dinero seguro que, al menos, impida que haya crisis bancarias.

¿DESAPARECERÁN LOS BANCOS CON LA REFORMA?

En la historia de las sociedades humanas es raro que las instituciones desaparezcan; lo normal es que se transformen en otras. Es cierto que los bancos, tal como hoy los conocemos, desaparecerían si existiera un dinero seguro. No habrá bancos como los de ahora que toman dinero a muy corto plazo y prestan a largo plazo. Esto solo es posible ahora gracias a la protección del Estado, y está claro que si se liberalizan las actividades bancarias estas no serían prestadas por entidades como los bancos actuales.

¿Esto significa que desaparecerían las actividades bancarias? No. Se verían incluso reanimadas, se utilizarían más, se adaptarían mejor a los deseos de los usuarios, las ofrecerían un mayor número de empresas, habría más productos financieros y más diversos, como sucede siempre que se liberaliza un sector.

Hoy los bancos prestan dos tipos de actividades muy importantes, pero muy diferentes. Por un lado, crean y registran el dinero (que es una función pública); por otro, proporcionan servicios de pago y préstamos a familias y a pequeñas y medianas empresas (que son actividades normalmente privadas). Hoy los bancos son muy importantes, porque estos dos tipos de actividades —públicas y privadas— son esenciales para que funcione la economía. El problema es que las prestan de manera muy deficiente.

En primer lugar, proporcionan el dinero que usamos todos. El problema es que este dinero privado es un dinero frágil que necesita de las protecciones del Estado para subsistir. Los ciudadanos usan ahora ese dinero porque no tienen otra alternativa. Pero los bancos dejarían de prestar esta función si se introdujera un dinero público y seguro. Sin protecciones no podrían ofrecer cuentas corrientes e invertir estos fondos a largo plazo. Sin embargo, no sería raro que en el otro tipo de actividades, esto es, prestar y proporcionar servicios de pagos, los trabajadores y directivos de los bancos actuales podrían seguir siendo protagonistas importantes en el suministro de estos servicios.

Para ello los bancos necesitarán transformarse y convertirse en proveedores especializados de estos servicios sin poder utilizar ya los fondos de los clientes de la forma que lo hacen ahora. Tendrán que convertirse en auténticos intermediarios. Pero esto solo podrían hacerlo si se da tiempo a los bancos para adaptarse a las reglas del mercado y la competencia. Facilitar a los bancos una transición suave no solo sería beneficioso para sus directivos y trabajadores, sino también provechoso para todos los ciudadanos, porque los servicios que prestan actualmente son muy importantes y no habría cambios bruscos en su provisión.

OTRAS REFORMAS RADICALES

Las críticas al dinero seguro que se han expuesto hasta aquí son las que suelen hacer los defensores del sistema monetario y bancario actual. Pero hay otros críticos del sistema actual que creen que la reforma debe ir por otras vías. Es interesante mencionar estas propuestas no solo porque se plantean como alternativas al sistema actual, sino también porque son alternativas distintas de las reformas de dinero seguro.

Las reformas alternativas más conocidas son las siguientes:

1. Las reformas tipo Admati y Kashkari
2. La teoría monetaria moderna
3. La banca libre
4. La banca pública
5. Las criptomonedas

1. La propuesta de aumentar notablemente el requerimiento de capital

Son muchos los economistas que, manteniendo una visión «convencional», defienden aumentar notablemente los requerimientos de capital de Basilea III, pero la primera en sugerirlo fue la profesora Anat Admati, y el respaldo más importante a estas ideas vino de Neel Kashkari, presidente de la Reserva Federal de Mineápolis.

La propuesta consiste en mantener prácticamente el sistema actual de regulación y modificar al alza solo el requerimiento de capital, situando en una cifra de entre el 25 y el 35 por ciento el nivel mínimo del coeficiente de apalancamiento, que calcula la ratio de capital puro sobre el total de los activos de los bancos.

Un problema de esta propuesta es que se seguirían usando como dinero los depósitos en los bancos privados y, por tanto, en principio esta reforma tendría los mismos problemas de fragilidad del sistema actual y no impediría las crisis bancarias. Pero es innegable que esta propuesta tendría la ventaja de reducir considerablemente la frecuencia y la severidad de las crisis bancarias. Además, aunque no tuviera la ventaja de suprimir toda la regulación prudencial, también podría aligerarse.

Los defensores del sistema actual suelen criticar las propuestas de Admati y Kashkari de forma parecida a como critican el sistema de dinero seguro: consideran que el efecto sería que no habría suficientes entidades capaces de proporcionar el crédito que el actual sistema proporciona, justamente porque exige unos niveles de capital muy bajos.

Pero el principal problema de esta propuesta es que no es factible, porque no se conseguiría sacarla adelante. Ya ha sido muy difícil elevar el coeficiente de capital sobre el total de activos a un 3 por ciento en Europa y a un 5 por ciento en Estados Unidos. Un incremento de ese coeficiente a los niveles sugeridos por Admati y Kashkari no se podría conseguir, pues el interés que hoy tiene ser accionista de un banco privado es precisamente el de funcionar con unos niveles muy bajos de capital.

El atractivo de invertir en un banco hoy es el beneficio que supone arriesgar muy poco capital y aprovechar la financiación barata proveniente tanto de los depósitos como de la financiación al por mayor, que acepta una remuneración reducida que se consigue precisamente porque, en cuanto se plantea el peligro de quiebra, el Estado salva los bancos.

Si los bancos encuentran dificultades para cumplir con los bajos requerimientos de capital actuales, es dudoso que pudieran cumplir con requerimientos notablemente superiores. Ahora, dadas las dificultades de obtener nuevo capital, los supervisores europeos están pidiendo a los bancos que reduzcan el reparto de dividendos. Está por ver que la forma de atraer más capital sea la de reducir los dividendos repartidos.

2. *La teoría monetaria moderna*

La teoría monetaria moderna (*modern monetary theory*, MMT) se ha puesto de moda recientemente entre la izquierda del Partido Demócrata estadounidense y vende el atractivo de que no hay que preocuparse por los déficits públicos porque se pueden financiar creando dinero sin que la inflación aumente.

Cito esta propuesta alternativa de reforma monetaria solo porque ha saltado a los medios de comunicación y creo que el lector debería conocer, al describirle otras posibles reformas, la existencia de esta propuesta.

Por mi parte, considero que es una teoría fundamentalmente equivocada y no voy a dedicar ni una sola línea de este libro a explicar sus defectos, ya que ha habido numerosos y prestigiosos economistas que los han expuesto profusamente.[8]

3. *La banca libre o* free banking

Esta es una propuesta muy minoritaria que plantean todavía algunos de los «libertarianos» en Estados Unidos. La idea es muy sencilla: sería una vuelta a la filosofía del siglo XIX, cuando los bancos privados podían emitir billetes que competían en el mercado. Ahora se trataría de que los bancos privados no solo crearan dinero con sus depósitos, sino que también pudieran crear dinero emitiendo billetes.

Los que son coherentes completan esta propuesta con la supresión de todas las protecciones del Estado, como el seguro de depósitos, el suministro de liquidez por parte de los bancos centrales y con la propia supresión de los bancos centrales con lo que, en general, se acabaría

---

[8] Por ejemplo, Juan Francisco Jimeno en el blog «Nada es gratis».

con toda intervención del Estado en el sistema bancario. De esta forma, los bancos privados competirían por ganarse la confianza de sus depositantes.

Es difícil que esta propuesta llegue a plantearse en la práctica, ya que mantiene la fragilidad del dinero bancario actual. Incluso la aumenta, pues uno de sus argumentos es que las crisis bancarias serían beneficiosas porque las quiebras expulsarían a los bancos menos seguros. Buscando una analogía, esta propuesta sería similar a la de disolver los cuerpos policiales del Estado y armar a todos los ciudadanos pensando que así se cometerían menos crímenes porque los asesinos y demás delincuentes tendrían miedo de ser abatidos por los ciudadanos armados.

4. *La banca pública*

La propuesta de sustituir los bancos privados por públicos se defiende por alguna izquierda intervencionista, argumentando que los problemas del sistema actual surgen por la búsqueda del beneficio por parte de los propietarios de los bancos privados y esto es lo que los lleva a especular con el dinero de los depositantes, a que se creen las burbujas inmobiliarias, etcétera. Argumentan que, si los bancos fueran públicos, esto es, si el accionista fuera el Estado o cualquier otro ente público, las inversiones serían más rigurosas y destinadas a favorecer el desarrollo de los países y el interés general en vez de tener como objetivo el beneficio privado de sus dueños.

El problema de esta propuesta es que no acaba con la fragilidad del dinero depositado en los bancos públicos, y por tanto persiste el mismo problema que tiene el sistema actual en cuanto a los posibles daños causados por las crisis bancarias; además, agudizaría aún más los problemas de ineficiencia por cuanto se restringirían más los mecanismos de mercado en la concesión de créditos.

Aunque en el pasado ha habido algunas experiencias de bancos públicos que no han generado costes para los contribuyentes, desgraciadamente las experiencias más recientes, como las vividas en España con las cajas de ahorro, apuntan en el sentido contrario, ya que los problemas de gobernanza a veces son mayores en los bancos públicos que en los bancos privados.

5. *Las criptomonedas*

Las criptomonedas se citan aquí porque se presentan a sí mismas como un sistema monetario alternativo al actual. Aunque son un fenómeno muy interesante, no son dinero, por lo que hablaremos de ellas en el capítulo 6 al comentar los efectos de las nuevas tecnologías.

UNA REFORMA PARA TODAS LAS IDEOLOGÍAS

Algunas de las reformas alternativas mencionadas provienen de personas fuertemente ideologizadas y situadas en los extremos del espectro de los partidos políticos. Así, por ejemplo, las propuestas de la denominada banca libre las defienden los que en Estados Unidos se llaman «libertarianos», y las propuestas de la llamada teoría moderna monetaria o las de banca pública las defienden algunos políticos de izquierda. Pero la reforma de dinero seguro CBDC ¿es de izquierdas o de derechas?

La posibilidad de que todos los ciudadanos puedan acceder a un dinero digital público y seguro debería interesar tanto a los partidarios de políticas de derecha como a los de izquierda, ya que deja que sea un Parlamento elegido democráticamente el que tome las decisiones de si se deben subir o bajar impuestos, si se debe subsidiar a empresas o a las personas que lo necesiten, etcétera.

Una ventaja muy importante de la reforma de emisión de dinero digital público y seguro es que está por encima de las orientaciones políticas. Este nuevo sistema monetario y bancario no produce crisis bancarias y aumenta la eficiencia de los servicios de préstamos a familias y medianas empresas, así como los servicios de pago. Y estos beneficios sirven a todos cualquiera sea su ideología.

Es una reforma del estilo de otras reformas institucionales como la de la democracia frente a las dictaduras, la separación de poderes, las elecciones periódicas, la obligación de presentar presupuestos anuales, la necesidad de aprobar por ley los impuestos, etcétera, que hoy son defendidas por todos los partidos e ideologías. Es una reforma del sistema económico útil para todos los ciudadanos con independencia del signo que tenga el Gobierno elegido democráticamente.

Ninguna ideología tiene interés en que subsistan las crisis bancarias. Y todas las ideologías deberían estar interesadas en reducir los subsidios actuales, pues esto permite a los gobiernos de izquierda aumentar el gasto social sin aumentar el déficit y también interesa a los liberales porque podrían reducir los impuestos sin tener que reducir los gastos. A todos debería interesar la posibilidad de aumentar el PIB con los mismos recursos o mantener el mismo nivel de PIB utilizando menos horas de trabajo o ahorrándose la destrucción del medio ambiente.

EL CONSEJO DE HAYEK DE RESPETAR LOS ÓRDENES ESPONTÁNEOS

Hayek recomendaba tener cuidado antes de reformar aquellas instituciones que habían sido construidas por la humanidad a lo largo de siglos. Es lo que él denominaba los «órdenes espontáneos». El mejor ejemplo es la lengua. Es evidente que el inglés, el castellano y todos los idiomas tienen un conjunto de reglas confusas y absurdas. Se podría plantear reformar estas lenguas y construir una que fuera más sencilla y sin tantas excepciones a las reglas sintácticas o de pronunciación. Pero al final de este intento nos encontraríamos con lenguas como el esperanto, que tienen el «pequeño» problema de que no sirven para comunicarse.

Cuando empecé a leer sobre el dinero digital seguro me planteé si acaso la reforma del dinero seguro, al cambiar el sistema bancario actual, no sería del tipo de esas reformas que no respetasen el orden espontáneo que a lo largo de siglos ha producido el sistema actual de bancos privados de depósitos.

Pero obviamente esta reforma no es de ese tipo. Hayek pensaba justamente en instituciones construidas por los ciudadanos y no por el Estado, y lo que nos encontramos con el sistema bancario actual es que, aunque nació espontáneamente, fue obteniendo una creciente protección del Estado y hoy es un sistema que se apoya exclusivamente en él y que no podría funcionar sin su protección y privilegios.

Por ese motivo el sistema bancario actual no se puede considerar como un producto del mercado, sino todo lo contrario, como una criatura del Estado, y por eso su reforma consiste precisamente en sacar al Estado e introducir el mercado y la competencia en las actividades bancarias. Y esto solo es posible si existe una alternativa de dinero público y seguro como son hoy los depósitos en el Banco Central.

No sería la primera vez que el Estado fuera indispensable para que existiera el mercado. La libertad de los individuos para decidir lo que quieren comprar o vender o para llegar entre ellos a acuerdos de lo más variado solo existe gracias a que el Estado regula la propiedad privada y los contratos. En el caso de la reforma del sistema monetario y bancario actual, la posibilidad de contar con un dinero digital público y seguro es absolutamente fundamental para que las actividades bancarias se puedan prestar en plena competencia.

La reforma del dinero digital público y seguro no pretende alterar un orden espontáneo construido por los ciudadanos a lo largo de siglos, sino deshacer un edificio de protecciones, privilegios y subsidios que se ha ido acumulando a lo largo de los últimos siglos. Es una reforma muy parecida a la que se produjo a finales del siglo pasado en los países comunistas con la caída del muro de Berlín y que consistió en desmontar todas las intervenciones del Estado en la producción y venta de bienes y servicios precisamente para que pudieran ser suministrados en competencia por el mercado.

EL CBDC Y EL ESTADO DE DERECHO

Entre las objeciones que surgen cuando se plantea la reforma de dinero digital público y seguro hay que mencionar las dudas sobre si los gobernantes respetarían al Ente Emisor público sucesor de los actuales bancos centrales.

Es cierto que la independencia de estos entes emisores de los gobiernos e incluso de los cambios de mayorías en los parlamentos es algo fundamental para que el sistema funcione de manera adecuada. Las reglas de autonomía e independencia de estos órganos deben ser establecidas con un rango suficiente para no ser cambiadas por gobiernos o mayorías electorales transitorias.

Y por supuesto, estas leyes deben ser escrupulosamente respetadas, ya que este sistema solo puede funcionar bien en un Estado de derecho. Pero esto mismo se puede decir del sistema actual. El sistema actual de bancos centrales encargados de mantener una inflación moderada y evitar la deflación solo funciona en los países con un Estado de derecho asentado. Esto explica que las grandes inflaciones se hayan producido últimamente en países poco respetuosos con el Estado de derecho.

Además, el poder de los entes emisores en el nuevo sistema es menor que el que tienen en el actual sistema de bancos centrales; esto significa que el incentivo de manipularlos o ponerlos al servicio de los gobiernos es menor que en los sistemas actuales y, por tanto, de hecho es esperable que se produzcan menos quebrantamientos del Estado de derecho.

EL DISEÑO DEL CBDC: LOS DETALLES IMPORTAN

Los apartados anteriores han dado respuesta a las críticas más habituales a un sistema de dinero seguro que hacen los defensores del sistema actual. Pero más que de «un sistema» de dinero seguro deberíamos hablar de «sistemas», de todas las reformas que proponen sustituir la fragilidad de los depósitos en bancos privados por la seguridad de los depósitos en los bancos centrales o en los entes públicos que les sucedan. Todos los sistemas con CBDC tienen la ventaja de acabar con la fragilidad del dinero bancario, pero se diferencian en algunos «detalles», en aspectos concretos del diseño de un sistema seguro.

No obstante, algunos «detalles» de cada una de las propuestas son muy importantes a la hora de valorar los beneficios y costes de pasar a un sistema de dinero seguro, y en consecuencia a la hora de valorar las propuestas de introducir el CBDC. Y para que se vea más claramente la importancia de cuidar los «detalles» al diseñar un sistema de dinero seguro, doy algunos ejemplos.

Algunos autores proponen que el dinero seguro sea remunerado, que tenga un tipo de interés variable y manejado por el Ente Emisor. En principio este «detalle» no afectaría a la seguridad de los depósitos en los bancos centrales y por ello podría considerarse que no es un elemento trascendental para decidir si se debe pasar a un sistema de dinero seguro.

Es verdad que podríamos considerar que un dinero depositado en el Banco Central no perdería su condición de dinero seguro por ser remunerado, pero debido a ese «detalle» de la remuneración, creemos que sería un sistema de dinero seguro deficiente, fundamentalmente porque, al remunerarlo, se perdería la ventaja de separar con claridad el dinero del resto del sistema financiero.

Es muy importante que el dinero no tenga remuneración para que los ciudadanos sepan, sin ninguna duda, que si alguien quiere ganar dinero tendrá que hacerlo arriesgándolo. Nadie debe pensar que puede ganar dinero si no lo arriesga (que es lo que ahora erróneamente se cree cuando se deja en depósitos bancarios), y de la misma forma todo el mundo debe estar seguro de que no perderá nada si lo deposita en el Ente Emisor. Si el dinero digital público se remunerase se perdería una de las importantes ventajas del CBDC: que todo el mundo entienda que las ganancias y las pérdidas de las operaciones con riesgo deben ser asumidas por los que participaron en el sistema financiero y que, por tanto, el Estado no rescatará a nadie que pierda su dinero en el momento en que deja de estar en los depósitos del Banco Central.

Al pagar un tipo de interés al dinero se suprime la barrera que debe haber entre el dinero y los demás activos financieros e inevitablemente el dinero digital entraría en competencia con activos financieros privados. Y todavía sería peor si, como algunos economistas proponen, el Ente Emisor pudiera fijar remuneraciones negativas. Por último, también se perdería la ventaja de que en el nuevo sistema el tipo de interés se forme exclusivamente por el mercado sin ninguna interferencia de los entes públicos. Si dejáramos que el Ente Emisor pudiese fijar el tipo de interés, volveríamos a tener una intromisión del Estado en el mercado de préstamos.

Otro ejemplo de la importancia que puede tener un «detalle» del diseño del CBDC son las normas que determinan a quién debe entregarse el señoreaje. Creemos que dejar esta decisión en manos del Ente Emisor lo politizaría de manera innecesaria. El destino del señoreaje debe dejarse a la decisión de los parlamentos y, además, debe ser fijado por normas que exijan mayorías muy cualificadas para evitar que las decisiones sobre su destino puedan cambiarse con facilidad y entren en el ámbito de las decisiones políticas coyunturales.

Un último ejemplo de la importancia de los «detalles» del diseño de un sistema de dinero seguro es la estructura de la autoridad monetaria o Ente Emisor que sería el sucesor de los bancos centrales. La mejor estructura sería la de un simple «registro» similar al del registro de la propiedad inmobiliaria. De esta forma el Ente Emisor no tendría un balance con activos y pasivos, ya que el dinero sería propiedad de los ciudadanos y dejaría de ser un pasivo del Banco Central. Dotarle de la estructura de Banco Central no perjudicaría la seguridad del CBDC, pero acarrearía todos los problemas derivados de la utilización de un poder inmenso por parte del Ente Emisor que es absolutamente innecesario para realizar las funciones de registro y creación de dinero.

Junto a esta función de «registro», el Ente Emisor tendría también la función de tomar las decisiones de política monetaria que ya hemos comentado con profusión.

Finalmente, como veremos más adelante, los «detalles» del diseño de un sistema de dinero seguro son también muy importantes para conseguir una transición suave del paso del sistema actual al nuevo sistema.

EL CBDC NO ES UNA PANACEA

Debería ser innecesario decir que el dinero digital seguro o CBDC no es una panacea, no es un «curalotodo», no resuelve todos los problemas económicos. Pero algunos de sus defensores consideran que el CBDC puede servir para mejorar la financiación de la economía sostenible o favorecer una mayor igualdad. Está claro que estas políticas podrían aplicarse con CBDC, pero también podrían no hacerse, o hacer otras distintas, porque estas decisiones dependerán de las valoraciones políticas de los electores de los países que introduzcan el CBDC.

Los problemas que resuelve el CBDC —las crisis bancarias, las burbujas, etcétera— son muy importantes, pero es obvio que seguiremos teniendo otros problemas. La desigualdad, la lucha contra el cambio climático, la mejora de la educación y la sanidad, las necesidades de una población cada vez más envejecida, etcétera, seguirán ahí. El CBDC nos proporcionaría entornos macroeconómicos más estables y una mejor utilización de los recursos, y esto facilitaría algo la solución de otros problemas; pero, como sucede ahora, esos problemas habrá que afrontarlos con otras políticas, distintas de la creación de dinero.

Incluso seguiremos teniendo algunos problemas de gestión económica que tenemos ahora. Aunque no haya burbujas de crédito ni crisis bancarias, aunque los instrumentos de política monetaria sean mejores en un sistema de dinero seguro, subsistirán algunos problemas.

Por ejemplo, si se considera que la cantidad de dinero debe aumentar para tener una inflación moderada y responder a los cambios en la productividad de la economía, los entes emisores seguirán teniendo los mismos problemas que tienen ahora los bancos centrales para determinar la intensidad de los instrumentos que deben aplicar para adecuar la demanda al producto potencial. Esta no es una tarea fácil y se comprueba por los fracasos de los bancos centrales actuales al hacer sus predicciones; además, es una tarea en la que habrá que seguir avanzando a pesar de haber cambiado a un sistema de dinero digital seguro.

Igualmente, seguiremos teniendo que decidir cuál es la relación correcta entre la política fiscal y la monetaria. Una cuestión que se plantea ahora y que se planteará igualmente en un sistema de dinero seguro es diseñar una normativa que permita, por un lado, la autonomía e independencia de los entes emisores y, por otro, que asegure que den cuenta del uso que hacen de esa autonomía a los representantes democráticamente elegidos.

Pero el hecho de que la introducción del CBDC no resuelva todos los problemas no es un argumento en contra de cambiar de sistema. El dinero seguro es un avance institucional y supone una mejora para todos de la misma forma que los avances en la medicina han permitido dejar atrás muchos problemas de salud. Con el CBDC habremos conseguido que la humanidad ya no tenga más las plagas de las crisis bancarias, y esto es parecido a lo que sucedió con la desaparición de la viruela o el cólera. Fueron avances muy importantes, pero obviamente no consiguieron que no sigamos enfermando y muriendo por otras causas.

LA IMPORTANCIA DE LA TRANSICIÓN

Aunque los críticos no se den cuenta, algunas de las dudas que se plantean sobre la implantación de un sistema de dinero seguro son problemas exclusivos de transición, esto es, problemas que surgen del paso del sistema actual al nuevo sistema. Por eso es muy importante que la valoración de los beneficios y costes de ambos sistemas se haga en dos etapas. Por un lado, se deben comparar los beneficios y los costes de los dos sistemas en la situación final o de crucero. Y, por otro, se deben valorar los costes de transición.

Este libro compara los dos sistemas sin hablar de los costes de transición. Y el balance neto a favor de un sistema de dinero seguro es muy positivo, pues no solo acabaría con las crisis de entidades de depósitos y las burbujas de crédito, sino que permitiría aumentar el PIB potencial gracias a las mejoras de eficiencia que se producirían con la liberalización de las actividades bancarias. La introducción del CBDC tiene además otros beneficios, como recuperar el señoreaje de la creación de dinero, permitir una política monetaria más eficiente, separar la creación de dinero de los gobiernos, suprimir los incentivos al endeudamiento de familias y empresas, etcétera.

Pero pudiera ser que los costes de pasar de un sistema a otro, es decir, los costes de la transición, fueran sustanciales y no tuviera sentido cambiar el sistema. Podría suceder, como dijo Bernard Shaw cuando le aconsejaron viajar a una ciudad hermosa pero lejana: «Esa ciudad merece verse. Pero no merece la pena ir a verla».

Por eso es importante estudiar las posibles formas de transición para elegir aquella que tenga menores costes. Y digo «menores», porque no hay transición sin costes. Siempre hay perjudicados concretos por las reformas económicas, aunque haya beneficios para el conjunto de los ciudadanos.

Ya se ha comentado que algunos problemas que surgen en el debate sobre el dinero seguro frente al dinero bancario aparecen por no explicar con detalle aspectos concretos de diseño (tipo de interés, destino del señoreaje, características del Ente Emisor, etcétera). Cada uno de los participantes en el debate tiene en la cabeza un modelo diferente, y por tanto describe y explica unos problemas que no surgirían si hubiesen elegido otros diseños.

Lo mismo sucede con la valoración de la transición del sistema actual a un sistema de dinero seguro; depende de qué modelo de transición elijamos.

Así, por ejemplo, hay críticos que destacan como un problema del nuevo sistema que, al dar a los ciudadanos la posibilidad de tener depósitos en los bancos centrales, en momentos de incertidumbre podrían aparecer unas corridas de depósitos de los bancos privados al Banco Central. Pero es obvio que este problema no aparecería si el modelo de transición escogido hubiera tenido en cuenta la posibilidad de que surgiera este problema. Es precisamente la posibilidad de que surja un problema lo que lleva a diseñar unos procesos de transición diferentes, en los que no pueda aparecer ese problema.

Así, por ejemplo, hay diseños de transición que proponen establecer un calendario que limitaría el volumen máximo que los ciudadanos podrían tener depositado en el Banco Central. El calendario iría elevando gradualmente esos límites hasta la desaparición del límite. Otras propuestas de transición proponen adoptar un calendario gradual de desprotección de la banca privada de tal modo que, de forma gradual, se vaya incentivando a los bancos a sustituir la financiación que obtienen ahora con los depósitos asegurados por el Estado, por una financiación obtenida en el mercado.

En la literatura sobre dinero seguro también se pueden encontrar varias fórmulas de transición para resolver este problema de la corrida de depósitos como, por ejemplo, una de las propuestas de Positive Money de traspasar todos los depósitos al Banco Central en un solo momento. Recientemente se ha publicado un artículo que muestra cómo se resolvería este problema si se sustituyeran los depósitos que fuera perdiendo la banca privada por unos préstamos del Banco Central del mismo volumen y con un calendario de amortización razonable.

Así como la importancia de los beneficios de un sistema de dinero seguro frente al sistema actual está sobradamente demostrada, el diseño concreto y la formulación de propuestas de transición están todavía en su infancia. Una vez que han quedado demostrados los enormes beneficios de tener un dinero seguro, los interesados en cambiar a dicho sistema deberían concentrarse en las fórmulas de transición de un sistema a otro. Además, esto ayudaría a cuidar el diseño de todos los «detalles» del nuevo sistema, que es otro de los campos de estudio que necesita un mayor desarrollo.

6

El futuro del dinero y la banca

Nunca pienso en el futuro. Viene bastante pronto.

ALBERT EINSTEIN

Nada más difícil de emprender ni más peligroso que tomar la iniciativa en la introducción de un nuevo orden de cosas, porque la innovación tropieza con la hostilidad de todos aquellos a quienes les sonrió la situación anterior y solo encuentra tibios defensores en quienes esperan beneficios de la nueva.

MAQUIAVELO

RAZÓN DEL CAPÍTULO SOBRE EL FUTURO
DEL DINERO Y LA BANCA

En los capítulos anteriores hemos descrito los problemas del sistema actual y explicado una propuesta de reforma que podría resolverlos. En este capítulo entramos en un terreno distinto, el de las apuestas: vamos a imaginar cómo podría ser el futuro del dinero y de la banca.

Para ello plantearemos cuestiones como si la reforma del sistema actual es difícil de implantar, si las nuevas tecnologías pueden afectar al dinero, si el futuro sin reformas puede empeorar los problemas actuales y también si pueden ir surgiendo pequeñas reformas en el sentido adecuado.

Un apartado recuerda la forma en que se realizaron en el pasado otras reformas importantes, por si pudieran darnos pistas sobre el modo en que se podrían producir los cambios en el dinero y la banca.

El capítulo acaba con una ficción que propone ver el futuro al revés. Es un tipo de ejercicio literario al que eran muy aficionados los ilustrados: imaginar cómo verían nuestras instituciones unos personajes de otros planetas o de otros países, porque así se descubren más fácilmente las características aberrantes de muchas de nuestras normas e instituciones.

LAS DIFICULTADES DE UNA REFORMA SENCILLA

De todas las reformas que se proponen evitar los daños que crea el dinero frágil de los bancos privados, la más sencilla es pasar a utilizar como dinero los depósitos en el Banco Central. Sería hacer lo mismo que se hizo con los billetes de los bancos privados a finales del siglo XIX.

Se trata de una reforma sencilla porque se centra en cambiar un dinero privado y frágil por un dinero público y seguro. No hay que inventar nada, puesto que el dinero seguro —el CBDC— ya existe. Lo que hay que hacer es dejar que este dinero seguro lo puedan utilizar todos los ciudadanos y no solo los bancos.

Las demás reformas que mantienen el dinero de creación privada, como, por ejemplo, Basilea III y los demás cambios regulatorios adoptados después de la crisis de 2008, están obligadas a aprobar unas voluminosas y complejas regulaciones para reducir los accidentes que supone manipular un dinero frágil.

Además, hoy es técnicamente fácil operar con dinero digital público y seguro. Las actuales tecnologías permiten que pueda funcionar sin problemas un dinero seguro para todos los ciudadanos, cualquiera sea la forma que quiera implantarse, ya sea por medio de depósitos mantenidos directamente por los ciudadanos en los entes emisores o, de manera indirecta, a través de depósitos en entidades privadas pero respaldados al ciento por ciento por depósitos en el Banco Central.

Pero que la reforma sea sencilla no significa que sea fácil de implementar. El primer paso para aprobar cualquier reforma es que la opinión pública esté convencida de la necesidad de ella, pues los políticos solo se interesarán si los electores la demandan.

La dificultad no reside en convencer de los beneficios de la reforma, que son evidentes una vez que se es consciente de los problemas del sistema actual. El principal escollo es que la opinión pública no es consciente de estos problemas, y por tanto no tiene mayor interés en una reforma que se propone resolver unos problemas que no ve.

Sucede lo mismo con otras reformas. Por ejemplo, las políticas de crecimiento sostenible solo se han empezado a debatir cuando se ha tomado conciencia de los problemas que puede causar el cambio climático.

En el siglo XIX fue fácil convencer a la opinión pública de la necesidad de tener un dinero público y seguro, y se adoptó una reforma que decidió que todos los billetes los creara el Banco Central y no los bancos privados. Pero ahora los depositantes en los bancos privados no se dan cuenta de la fragilidad del dinero que utilizan. No ven que exista tal problema. Y es que ahora los bancos no quiebran, e incluso cuando se les deja quebrar porque son pequeños, los depósitos se reembolsan íntegramente a los usuarios.

Ahora, todas las protecciones del Estado y, en especial, la del seguro de depósitos, tienen un efecto de «anestesia» que impide que los depositantes sufran en sus bolsillos la posible pérdida del valor de los depósitos bancarios. El aparato de protección estatal a la banca hace que las consecuencias de la fragilidad del dinero bancario privado no las sufran los depositantes cuando el banco privado no puede reembolsar su dinero.

Las personas no se dan cuenta de que el dinero depositado en los bancos es muy frágil, y no se percatan porque el objetivo de la protección del Estado es precisamente que no se den cuenta. Por este motivo, al depositante le da igual que su banco haga bien sus inversiones o las haga mal, ya que él no sufrirá las consecuencias.

La mayoría de las personas tampoco son conscientes de que el dinero que usamos lo han creado los bancos privados. Esto es aún más difícil de entender que la fragilidad de los depósitos. Y es que no solo se trata de la mayoría de las personas, sino que incluso todavía hay algunos profesores que enseñan a sus alumnos que el dinero lo crea el Banco Central. Explican que los bancos privados son simplemente intermediarios que toman el dinero de unos para prestárselo a otros, y no aclaran que los bancos privados, al dar un préstamo, no necesitan tener dinero, pueden crearlo. En realidad, los bancos centrales lo único que hacen es intentar que los bancos privados creen más o menos dinero, den más o menos crédito y lo hacen subiendo y bajando el tipo de interés. Pero los que deciden crear el dinero son los bancos privados.

Los privilegios concedidos a los bancos tienen unos costes que pagamos todos los contribuyentes, pero es difícil que los ciudadanos relacionen esos costes con la fragilidad del sistema. Esta dificultad de percibir los costes del proteccionismo es algo normal, se produce en todos los sectores protegidos. Y esta es la razón por la que en vez de otorgar subsidios que aparecerían en el capítulo de gastos del presupuesto, los políticos prefieren aprobar privilegios o protecciones porque su coste no aparece en los presupuestos y no tienen que ir todos los años al Parlamento a solicitar las ayudas.

Solo cuando las protecciones de los bancos tienen una incidencia presupuestaria, como es el caso de las inyecciones de capital para salvarlos, la opinión pública percibe y denuncia esas ayudas. Pero incluso en este caso, la ciudadanía ve los costes presupuestarios como una consecuencia de las decisiones adoptadas por los políticos, de la mala gestión de los banqueros o de la incompetencia de los supervisores y banqueros centrales. No se dan cuenta de que esos costes son la consecuencia inevitable de un sistema de dinero fundamentalmente frágil.

Otra razón que explica la persistencia de la ignorancia de la opinión pública sobre el dinero seguro es que hasta hace poco los economistas académicos no habían estudiado las posibles reformas del dinero. Incluso ahora, el porcentaje de artículos dedicados al dinero seguro es todavía muy reducido si se compara con la cantidad de artículos destinados a analizar los mínimos detalles del sistema actual.

Esto es lógico, ya que la mayoría de los académicos, al elegir las cuestiones que hay que estudiar, se ocupan de los problemas existentes en el sistema actual y no se plantean especular sobre un sistema que todavía no existe. Como mucho, discuten los parámetros del sistema actual. En esto se parecen poco a los primeros economistas, que se dedicaban a explicar por qué la economía funcionaría mejor si se cambiara el sistema existente de protecciones del Estado por otro que dejase mayor capacidad de decisión a los ciudadanos.

La historia nos enseña también que otra fuente común de dificultades para implantar las liberalizaciones es que los que disfrutan de los privilegios y las protecciones suelen oponerse a su desmantelamiento. Esto también explica por qué la liberalización de la banca, que sería posible con un dinero público y seguro, es una idea que avanza con lentitud. El estudio de los procesos de liberalización y desregulación de otros sectores, como el comercio internacional, las telecomunicaciones, el trasporte aéreo o las profesiones liberales, muestra cómo los avances se han producido con gran lentitud. Y ello es lógico por muchas razones.

En primer lugar, porque quienes han conseguido unos beneficios importantes del Estado se resistirán a que se los quiten. Es lógico que el *lobby* bancario intente evitar este tipo de reformas, pues la protección a la banca es muy fuerte, más que en ningún otro sector protegido.

Los privilegios, las protecciones y los subsidios a la banca no solo sirven para obtener mejores cuentas de resultados, además son imprescindibles para que pueda existir el negocio bancario. Otros sectores, cuando pierden la protección, ven reducido su negocio y sus beneficios, pero siguen existiendo. En cambio, si se quitaran las protecciones a los bancos, dejarían de existir.

Examinemos la evolución de otros sectores protegidos como, por ejemplo, la agricultura, con una protección que en Europa se instrumenta a través de la PAC y que ha ido reduciéndose poco a poco en los últimos años. La garantía de comprar productos agrícolas a precios muy altos permitía que la producción de estos bienes fuera muy grande. En el momento en que se redujo e incluso se llegó a quitar la protección a los precios, no desapareció la producción de estos bienes, sino que se redujo, se produjo menos porque ya solo podían hacerlo los agricultores más productivos. Pero en el caso de la banca la protección es tan fuerte que si se le quitaran todas las protecciones y privilegios de los que disfruta, no disminuiría la prestación de sus servicios, sino que la banca desaparecería.

Por tanto, es lógico que el *lobby* bancario justifique y defienda la protección del Estado, ya que no es solamente una cuestión de que se reducirían sus beneficios, sino una cuestión existencial; dejaría de existir la banca tal como hoy la conocemos y los préstamos a familias y empresas así como los servicios de pagos que ahora proporcionan los bancos los prestarían otras entidades financieras.

Es obvio que los primeros interesados en que no cambie el sistema monetario y bancario son los bancos privados, tanto sus accionistas como sus directivos y trabajadores. Pero no solo ellos prefieren mantener el sistema actual. Como sucede en otros casos de monopolios y oligopolios, los beneficios de un sector protegido no redundan solamente en el propio sector, sino que se distribuyen entre otros agentes. Hay industrias que obtienen tarifas privilegiadas gracias al monopolio y también políticos que pueden conseguir «vender» tarifas sociales a sus electores, sin necesidad de tener que solicitar al Parlamento que suba los impuestos para poder pagar estas políticas. Y esta clase de políticos sufriría también la liberalización del sector correspondiente.

Por ello no es raro que entre los que no están interesados en desmontar el sistema bancario actual se encuentren instituciones que no son bancos pero que se aprovechan de la protección de los bancos. Es el caso de las entidades denominadas «banca en la sombra», que se aprovechan de la banca como demandante de fondos o como un buen negocio para colocar sus productos en el activo de los bancos.

Incluso entre los interesados en no desmontar el sistema actual se pueden encontrar algunos de los potenciales competidores de la banca como, por ejemplo, las denominadas *fintech*, las empresas financieras que utilizan las nuevas tecnologías. En efecto, en un primer momento podría parecer que el cambio a un dinero público y seguro tendría el apoyo de las empresas que se dedican a facilitar préstamos o servicios de pago sin tener la protección del Estado, sin seguro de depósitos, sin ayudas de liquidez, etcétera. Pero no todas las *fintech* lo ven así, prefieren que esa protección se mantenga. La razón es que pueden aprovechar las posibilidades que ofrece el sistema actual para hacer un «descremado» del negocio bancario, quedándose con la mejor parte y, sin embargo, si se pasara a un sistema de dinero seguro, la competencia reduciría los beneficios de todas las empresas.

Asimismo, hay una legión de consultores, abogados, auditores, etcétera, que en principio verían afectado su negocio si los bancos disminuyeran sus resultados al perder el privilegio de crear dinero y sufrir la competencia de otras entidades. Lo normal, lo que ha sucedido en la liberalización de otros sectores, es que en un primer momento estos proveedores de servicios a la banca se opongan a las reformas. Aunque la experiencia de otros sectores también demuestra que el volumen de estos negocios auxiliares acabaría siendo mayor que en el sistema actual, al aumentar las actividades de préstamos y servicios de pago que ahora están constreñidas por la falta de competencia.

Por otra parte, no solo los agentes económicos privados pueden no estar interesados en un cambio de sistema. También los políticos y algunos funcionarios pueden verse afectados por la «desprivatización» del dinero. Ya hemos explicado que el nuevo sistema separa totalmente la producción de dinero de la política y esto, que es positivo para todos, privaría a algunos políticos de la capacidad de utilizar la creación del dinero para sus fines. Por ejemplo, dejarían de obtener la financiación más barata que le proporcionan las compras de deuda de los bancos centrales. Por otra parte, los entes emisores perderían bastante poder que hoy tienen los bancos centrales, por lo que es fácil de entender que algunos bancos centrales no vean favorablemente el cambio de sistema.

Otro factor que hace que no haya conciencia de los problemas es que los servicios que prestan los bancos, en especial los préstamos y los servicios de pagos, son importantes para los ciudadanos, por lo que es lógico que vean con prevención cualquier reforma que pudiera ponerlos en peligro.

Una parte de la opinión pública cree que al cambiar a un dinero seguro se perjudicarían estos servicios; no se dan cuenta de que sucedería todo lo contrario: habría más entidades y con más libertad e iniciativa para prestar esos servicios en competencia. El problema es que mientras no haya competencia no surgirán esas nuevas entidades, y mientras no surjan es difícil que se pueda visibilizar que ocurrirá en el futuro. En definitiva, la gente dice: «Voy a perder los servicios que ahora obtengo de los bancos y usted no me dice ni quién los va a prestar, ni a qué coste, ni si habrá suficiente crédito...».

Esta actitud tan común es la que podemos denominar «miedo al mercado». En los países comunistas, durante décadas la producción física se hizo por regulaciones que no dejaban a las empresas producir lo que quería comprar la gente. Tuve la oportunidad de visitar la Unión Soviética en tiempos de la *perestroika*, cuando se hablaba de introducir mecanismos del mercado, y percibí ese miedo al mercado. ¿Cómo es posible que sin que nadie lo organice se vaya a producir lo que la gente quiere y no sea un caos, en el que no se produzca lo suficiente de lo que la gente necesite y en cambio se produzcan cosas que no quiera la gente?

Hoy sabemos que el caos lo creaba una economía intervenida por el Estado. Los supermercados con los estantes vacíos de productos como el papel higiénico o fruta que la gente hubiera querido comprar era algo normal en los países comunistas, mientras que se acumulaban *stocks* de productos que no compraba nadie. En cambio, el mercado consigue que las empresas produzcan justamente lo que quiere la gente y que los empresarios compitan para facilitárselo con la mayor calidad y el precio más bajo que lo que se consigue en un sistema intervencionista y regulado.

En el mercado de trabajo en España hay un miedo enorme a reducir e incluso eliminar la indemnización por despido porque se cree que con ello aumentaría aún más el desempleo. Sin embargo, en algunos países nórdicos se buscaron otras vías para proteger a los trabajadores, y aunque los empresarios no pagan indemnización al reducir su plantilla, el desempleo es más reducido que en España. En España el paro oscila entre el 9 y el 30 por ciento; en cambio, en esos países se suele situar entre el 3 y el 8 por ciento. Pero en España los políticos no consiguen implantar la «flexiguridad» porque la mayoría de los electores teme que el mercado no sea capaz de reducir el desempleo.

Al plantearnos cómo será el futuro del dinero, no basta con analizar los problemas actuales y diseñar una reforma que pudiera evitar sus daños. Los problemas del vigente sistema de dinero son graves. Y la reforma que podría resolverlos es sencilla. Pero de ahí a pensar que el futuro del dinero y la banca será su reforma, hay un gran trecho. La reforma tiene por delante una larga carrera de obstáculos.

UNA REFORMA EN SU INFANCIA

Comparar el sistema actual con un posible sistema de dinero seguro nos proporciona una visión distinta de la convencional que nos permite entender mejor los problemas del sistema actual. También nos ayuda a intuir cuáles deben ser los elementos fundamentales de una posible reforma: tener un dinero seguro y acabar con la creación privada del dinero. Pero para implementar una reforma concreta hacen falta más análisis, más estudios y más debates.

Hemos repasado las dificultades de reformar el sistema monetario y bancario actual. Son las mismas que retrasan la mayoría de las reformas económicas: «La ignorancia de muchos y el interés de unos pocos».[9] Pero también ese retraso se debe al estado incipiente en que se encuentra esta «visión distinta» del dinero y la banca que hemos descrito en este libro.

El lector que haya llegado hasta aquí sabe ya muchas cosas acerca del dinero seguro y se habrá dado cuenta de que también ha mejorado su percepción del sistema actual. Veamos solo dos ejemplos de cómo la idea de sustituir el dinero frágil actual, los depósitos en bancos privados, por depósitos seguros en el banco central (CBDC), nos permite entender algunos problemas que tenemos ahora.

En primer lugar, entendemos mejor por qué se producen las crisis bancarias y por qué sus consecuencias son siempre desastrosas y a veces catastróficas. Y en segundo lugar, podemos entender mejor por qué los bancos están sometidos a una doble regulación gigantesca que, por un lado, los protege de la competencia pero, por otro, entorpece las iniciativas de innovación en la producción de sus servicios y en la adaptación a los deseos de los consumidores.

En efecto, al saber que los depósitos en los bancos centrales se podrían utilizar como dinero digital nos

---

[9] El entrecomillado es la explicación de Cabarrús, considerado el primer gobernador del Banco de España, cuando se preguntaba en el siglo XVIII por qué estaba retrasándose tanto en implantarse la libertad de comercio.

damos cuenta de que los depósitos en los bancos privados son un activo frágil, y que esta es la razón de que periódicamente se produzcan las crisis bancarias, con mayor o menor intensidad. Asimismo, al saber que el sistema actual no puede normalmente aumentar la cantidad de dinero sin incrementar a la vez la cantidad de deuda entendemos mejor por qué se producen las llamadas «burbujas». Comprendemos por qué muchas veces el crédito empieza a crecer por encima del producto interior bruto y causa unos incrementos de demanda excepcionales que conducen a unos niveles insostenibles el endeudamiento de empresas y familias. Y cómo, a partir de ese momento, los agentes económicos se dedican a «desendeudarse», con lo que la demanda se desploma y se producen unas recesiones de las que se tarda mucho en salir.

La reflexión sobre la posibilidad de cambiar el dinero frágil actual por un dinero más seguro nos sirve también para entender mejor por qué se han ido construyendo y aprobando dos voluminosas pirámides de regulación que no tiene ningún otro sector, financiero o no financiero. En efecto, podemos comprender mejor por qué hay toda una regulación destinada a proteger a la banca, como la prohibición de tener depósitos en los bancos centrales, el aseguramiento de los depósitos, la provisión de liquidez, las inyecciones de capital para evitar las quiebras, las exenciones de la Ley de Defensa la Competencia, etcétera. Nos damos cuenta de que nadie pondría su dinero en los depósitos bancarios si no existieran esos privilegios, subsidios y protecciones que tiene la banca privada.

Y no solo entendemos por qué se protege a la banca, sino también por qué, a la vez que se la protege, se la somete a una monstruosa, voluminosa, extensa y compleja regulación intervencionista a la que llamamos regulación «prudencial», y que comúnmente se conoce como Basilea III. Esta regulación está asfixiando las posibilidades de innovación de las entidades bancarias, en especial el uso de la aplicación de las nuevas tecnologías a las que se conoce con el vocablo *fintech*.

Pero aunque esta visión es útil para entender nuestros problemas actuales y nos da pistas de lo que debemos hacer para resolverlos, todavía queda bastante trabajo para convertir una *visión* en una *reforma*. Es necesario profundizar en el análisis de dos áreas insuficientemente estudiadas. Por un lado, hay que concretar los «detalles» que nos proporcionarían el mejor diseño posible y, por otro, plantear un modelo de transición que reduzca los costes de pasar del sistema actual a uno nuevo.

Como hemos dicho hasta la saciedad, no existe una sola reforma del dinero seguro. En este libro hemos presentado un modelo de sistema de dinero seguro construido con los elementos esenciales de todas las reformas (la seguridad del dinero y su creación por un ente público) y con los «detalles» que hemos considerado más razonables.

Así, por ejemplo, se ha supuesto que los depósitos de los bancos centrales no deberían ser remunerados. O, por poner otro ejemplo, que el Ente Emisor no debería tener un balance con activo y pasivo, sino mantener simplemente un registro. Pero hay algunos proponentes de dinero seguro que discrepan de estos «detalles» concretos y consideran que los depósitos podrían remunerarse, o piensan que los bancos centrales deberían tener un balance. Es obvio que solo después de análisis más profundos se podría adoptar la decisión más adecuada sobre estos y otros detalles.

De igual modo, una reforma que merezca ese nombre debería proponer una fórmula de transición al nuevo sistema que permitiera a los potenciales perdedores adaptarse a funcionar en un mercado en libre competencia y dar tiempo a todos a prestar los servicios de pago y de préstamos acomodándose a los deseos de los usuarios.

La «visión» que hemos presentado nos sirve para mostrar la dirección que deben tomar los estudios que ayuden a reformar el sistema actual. Pero hay que ser conscientes de que estamos al principio del camino. Todavía es necesario un intenso trabajo de «detalles» para que esta idea se convierta en políticas concretas. Y en los sistemas democráticos las políticas requieren además mucho tiempo de debates. Esta reforma todavía está dando sus primeros pasos.

¿REFORMA O TRANSFORMACIÓN? QUÉ DEBERÍA Y QUÉ PUEDE PASAR

La Ilustración representó un avance importante en la mejora del bienestar de la humanidad. Sirvió para darse cuenta de que las políticas e instituciones heredadas de la historia no son «naturales» y a veces pueden hacer daño innecesariamente. Gracias a los ilustrados sabemos que se pueden analizar y se deben proponer algunas reformas, como la democracia liberal o la economía de mercado, que pueden mejorar la vida de todos. La ciencia económica es hija de la Ilustración.

La Ilustración dio un paso más y proclamó que, si la razón nos demuestra que la política y la economía podrían funcionar mejor con unas nuevas instituciones, los países adoptarían las reformas necesarias. Pero en el siglo XX, con los fascismos y los comunismos, descubrimos que lo razonable no tiene por qué ser lo más probable.

Saber que las cosas pueden funcionar de distinta manera ayuda enormemente a entender los problemas del presente. El conocimiento del dinero seguro nos ayuda a entender mejor el presente. La pregunta es si además nos podría dar pistas para saber qué pasará en el futuro no solo con el dinero, sino también con las actividades financieras que hoy monopolizan los bancos: los préstamos a familias y pequeñas y medianas empresas, así como los servicios de pagos.

Saber que las cosas pueden funcionar mejor nos sirve para proponer reformas que nos proporcionen un sistema monetario y bancario más seguro y eficiente, sin crisis puramente bancarias y también un sistema con competencia y sin interferencia del Estado en las actividades de préstamos o de servicios de pagos.

Por ello, son sumamente valiosos los trabajos de estudiosos como Huber, Ben Dyson, Jonathan McMillan, Michael Kumhof y otros más que han contribuido a que hayamos descubierto las posibilidades de contar con un dinero digital seguro. Y lo mismo se puede decir de movimientos como el de Monetative en Alemania, Ons Geld en Holanda, Vollgeld en Suiza y organizaciones similares en otros países. También fue importante el trabajo que en su día realizó Positive Money en el Reino Unido. Detrás de estos movimientos hay personas como

Manuel Klein, Martijn Linden o Edgar Wortmann con un entusiasmo contagioso a favor de la reforma del dinero.

Pero una cosa es saber lo que debería suceder, esto es, reformar el sistema monetario y bancario, y otra es creer que la reforma será lo más probable que suceda en el futuro. Si pensamos en un futuro a largo plazo, probablemente la reforma se acabará imponiendo. Pero si pensamos en un futuro más cercano, lo más sensato es suponer que se mantenga el sistema actual. Lo más probable es que, mientras aguante, persista la fragilidad del dinero, la posibilidad de que haya más crisis bancarias y la hiperregulación del sistema bancario.

Pero si pensamos que la reforma no será el futuro más probable, ¿que podría pasar en el futuro? Si no se hace la reforma ¿seguirá todo igual? Tampoco parece probable. Porque, aunque el *lobby* bancario tuviera éxito en que no se aplicase una reforma tipo CBDC, los problemas del sistema actual se harán cada vez más evidentes. Quizá no haya reformas, pero será difícil que no se produzca una transformación del sistema actual. Y si no se responde de manera adecuada a los problemas actuales, la transformación podría convertirse en un proceso de putrefacción. Si no hay cambios, el sistema actual podría pudrirse.

Por las razones que hemos comentado, no es probable que en un corto plazo se dejen de utilizar unos activos con riesgo como son los depósitos bancarios. Pero, como ha sucedido en los últimos años, cada vez se verán con mayor claridad los problemas de utilizar este dinero frágil.

Por una parte, seguirá presente el riesgo de crisis bancarias. Mientras la economía vaya bien, habrá pocas crisis, pero si la economía entra en una fase de crecimiento lento, los beneficios de los bancos sufrirán, y dado que la primera línea de resistencia para evitar crisis bancarias es la cuenta de resultados, volverán las crisis. Si no se cambia el sistema, se incrementarán las posibilidades de que aumente el número y la gravedad de las crisis bancarias.

Este incremento del riesgo de crisis no dejará indiferentes a los supervisores ni a los bancos centrales. En cuanto estas instituciones vean que la rentabilidad de los bancos se reduce, se verán obligadas, para evitar males mayores, a aumentar aún más la protección, los privilegios y los subsidios a los bancos. Y aunque mucha gente se haya olvidado de la última crisis, la reputación de los bancos está todavía por los suelos, y no será fácil ayudarles sin que la opinión pública reaccione críticamente. También ha caído la reputación de los supervisores y de los bancos centrales, por lo que les será más difícil seguir resolviendo los problemas de un dinero frágil a base de aumentar la protección a los bancos. Al menos no podrán aumentar las ayudas a los bancos con la misma facilidad que se ha hecho hasta ahora.

Por otro lado, aunque las nuevas entidades financieras que no disfrutan de esas protecciones tienen difícil competir con los bancos, lo seguirán intentando. Tal como estamos viendo, las *fintech* encontrarán insuficiencias en los servicios de los bancos e intentarán, con gran dificultad y sin conseguir grandes beneficios, prestar esos servicios de una forma más adecuada a los deseos de los clientes. Esto no solo sucederá porque las *fintech* estén más capacitadas para incorporar nuevas tecnologías, sino también porque la protección lleva a los bancos a ser más lentos y perezosos en la incorporación de esas nuevas tecnologías.

Y no es solo por la pereza, sino que la incorporación de nuevas formas tecnológicas de prestar servicios puede ir en contra de la cuenta de resultados de los propios bancos. En teoría, un banco podría ofrecer plataformas de inversión del tipo *peer to peer* a sus clientes, pero es lógico que no lo hagan porque sus clientes emigrarían a estas plataformas, lo que reduciría los márgenes y beneficios que los bancos consiguen con las operaciones que realizan con su balance. Estos márgenes altos son aprovechados por las *fintech* para ofrecer sus servicios, un «aprovechamiento» que supone un deterioro adicional a las cuentas de resultados de los bancos y, mientras no haya reforma, se perjudica la solidez del sistema actual, que depende de la salud de la banca.

Por lo expuesto, el hecho de que no se reforme el sistema no significa que el futuro vaya a ser igual que el presente. Lo más probable es que el sistema actual, como ha sucedido en los últimos años, vaya «agrietándose». No caerá, no será sustituido por uno nuevo, pero cada vez aparecerán más «grietas» en su edificio.

LAS NUEVAS TECNOLOGÍAS, EL DINERO Y LA BANCA

¿Qué papel han desempeñado las nuevas tecnologías en suscitar el debate del dinero seguro y la liberalización de la banca? ¿Son las nuevas tecnologías las que van a producir una revolución, o una «disrupción», como se dice ahora, en el dinero y en la banca?

En los últimos años, el bitcoin ha inundado los medios de comunicación y su interés ha tenido bastante que ver con la nueva tecnología que lo hacía posible, la denominada *blockchain* o «tecnología de bloques». Hoy hay algunas dudas sobre el desarrollo actual de esta tecnología, pues sus costes son altos y tarda más tiempo en hacer transacciones que lo que tardan ahora los bancos o las tarjetas de crédito.

Es indudable que el bitcoin ha impulsado el debate sobre el dinero; mucha gente se ha dado cuenta de que el sistema de dinero actual podría ser sustituido por otro distinto. El bitcoin proponía disponer de un dinero seguro porque no había sido creado ni era mantenido por los bancos privados y por tanto dio lugar a que la reacción inicial de algunos banqueros fuera muy agresiva. «El bitcoin es una estafa», dijo Jamie Dimon, el presidente de J. P. Morgan.

Luego las aguas se calmaron en vista de que se iban detectando algunos problemas en el bitcoin. Por ejemplo, el hecho de que no pudiera alterar la cantidad de dinero, que se fijaba en un máximo de veintiún millones de bitcoin, significaba que la política monetaria implícita en su sistema era una política monetaria brutal, que podía crear recesiones peores que las del patrón oro. Por otra parte, el bitcoin difícilmente podía ser considerado dinero, ya que no se utilizaba como medio de pago, y por tanto no podía competir con el dinero respaldado por bancos centrales independientes. Poco a poco se fue considerando que el bitcoin no era dinero, sino más bien una inversión parecida a la de las obras de arte o los sellos, que puede ser muy lucrativa mientras haya más demanda que oferta, pero que puede desplomarse en la medida en que haya más inversores que quieran salir de su inversión en bitcoins que los que quieren entrar.

Por ello no sería exacto decir que las tecnologías del *blockchain* o las demás criptomonedas hayan hecho surgir el debate sobre el dinero seguro; pero, como hemos dicho, el hecho de hablar de un posible dinero digital distinto del actual, creado por los bancos privados, ha ayudado a aumentar el interés sobre el dinero digital público y seguro.

Sí es cierto que los avances tecnológicos han aumentado de manera espectacular la capacidad de almacenamiento y la velocidad de computación de los ordenadores, por lo que la transformación del dinero bancario actual en un dinero público y seguro no tiene ya ningún problema técnico. Ahora un Banco Central podría manejar los registros de millones de cuentas de todos los ciudadanos sin ningún problema, y podría hacerlo con prácticamente el mismo coste con el que se mantienen ahora los registros de las cuentas de los bancos privados.

Esto no era así en el pasado. Cuando en los años treinta se propuso la idea de que todo el dinero estuviera respaldado por depósitos en el Banco Central, las tecnologías analógicas de entonces requerían que los bancos privados, en su función de puro depósito, siguieran siendo intermediarios entre los depositantes y los bancos centrales. Habría sido absurdo que, siendo entonces analógicas las anotaciones, la Reserva Federal tuviera que abrir miles de oficinas en Estados Unidos para atender a todos los depositantes.

Pero si las tecnologías suelen ser necesarias para acometer las reformas institucionales, no son suficientes. Las tecnologías de almacenamiento y computación estaban ya avanzadas a finales del siglo pasado y alguno se podría preguntar por qué, si llevamos casi veinte años con la posibilidad técnica de implantar un dinero público y seguro, ha tardado tanto en surgir este debate. Y es que seguramente hay otros factores que han contribuido en los últimos años a que aumente la insatisfacción con el sistema monetario y bancario actual.

Por ejemplo, la monstruosa crisis bancaria en 2008 ha influido, y mucho. También ha ayudado en la búsqueda de alternativas al sistema actual el hecho de haber experimentado una recesión más larga de lo habitual con una recuperación muy lenta debido al endeudamiento excesivo de las economías, lo que ha mostrado la ineficacia de la política monetaria del sistema actual para estimular la recuperación. Más recientemente, las dificultades que encuentran los bancos para obtener una rentabilidad razonable, y que son compensadas con ayudas millonarias de los bancos centrales, generan también irritación en la opinión pública.

Y si miramos al futuro, ¿qué impacto pueden tener las nuevas tecnologías en cuanto a la supervivencia del sistema bancario actual? Los bancos, sus consultores y defensores nos explican que si los bancos introducen las nuevas tecnologías en sus negocios, podrían resistir el impacto de las *fintech*. Esto sería cierto si se dedicaran solamente a dar préstamos o servicios de pago. El problema de los bancos es que también son los que hoy crean y mantienen el dinero digital. Esta capacidad que no tiene ninguna otra entidad financiera les da un cúmulo de privilegios frente a los competidores, pero también les obliga a sufrir la carga de un intervencionismo pesadísimo que les impide aumentar su rentabilidad.

Los competidores irán arrancando a los bancos la mejor parte de su mercado, y aunque los bancos lo están intentando y a veces tienen éxito, será difícil que los reguladores puedan defender ante la opinión pública la aprobación de medidas que dificulten la competencia de las nuevas *fintech*, ya que los usuarios valoran de manera positiva la mayor capacidad de estas para atender sus deseos frente a la lentitud y la falta de imaginación que les ofrecen los bancos.

ELOGIO DE LAS PEQUEÑAS REFORMAS

El sistema actual no permanecerá estable. Hemos visto los problemas y las «grietas» que pueden afectarle en el futuro. Y tampoco podremos contar en breve con una reforma muy estudiada en sus detalles y con una fórmula de transición suave que facilite el cambio de sistema.

Por ello es probable que, además de un deterioro del sistema actual, el futuro nos traiga reformas parciales, pequeños cambios, que vayan en la dirección de la reforma del dinero seguro y la liberalización de las actividades bancarias. Estos cambios pueden parecer «parches» si los comparamos con lo que podría ser una reforma estudiada y completa. Pero también se pueden ver sus aspectos positivos.

Veamos tres ejemplos de estos modestos movimientos de cambio del sistema actual: la propuesta *e-krona* del Banco Central de Suecia, la directiva europea de pagos, conocida como PSD2, y el debate planteado por Ons Geld en los Países Bajos.

La introducción de la *e-krona*[10] es un proyecto del Banco Central de Suecia de emitir una moneda digital. En Suecia está desapareciendo el uso del dinero en efectivo. El objetivo de la *e-krona* es limitado. No pretende sustituir todos los depósitos bancarios privados. Solo intenta evitar que el efectivo, que ahora es público y seguro, pase a usar depósitos en los bancos, con lo que pasaría a ser un dinero privado e inseguro. Los billetes son ahora el único dinero público y que no pueden causar crisis. Pero si no se emitiera la *e-krona*, todo el dinero en Suecia dependería de los bancos privados.

Ciertamente esta es una reforma limitada. No se trata de que los ciudadanos suecos puedan tener todo su dinero en depósitos en el Banco Central. Pero este proyecto ha tenido en Suecia un efecto importante al abrir el debate sobre el dinero. Las preguntas son obvias: si puedo tener parte de mi dinero en el Banco Central, ¿por qué se me prohíbe tenerlo todo?

Otro ejemplo de reforma limitada es la directiva europea de pagos (PSD2), que se propone aumentar la competencia en estos servicios en Europa. Si se juzga desde la perspectiva del dinero seguro, esta reforma es muy limitada. Todos los proveedores estarían en las mis-

---

[10] La *krona*, o corona, es la moneda sueca. La denominación *e-krona* se refiere al dinero electrónico o digital.

mas condiciones de competir, todos tendrían que acercarse a los ciudadanos para ofrecerles sus servicios. Sin embargo, con la directiva PSD2 se mantiene el privilegio de los bancos de mantener y crear los depósitos y lo único que hace la directiva es abrir la posibilidad de que los otros proveedores puedan ofrecer sus servicios a los clientes de los bancos.

Es una reforma limitada, pero su puesta en práctica tendrá efectos positivos porque revelará los problemas de mantener el monopolio de la creación de dinero en los bancos privados. Estos mantienen la ventaja de contar de entrada con sus clientes gracias al monopolio de la creación de dinero. La directiva no resolverá este problema, pero la ausencia de un terreno de juego igualitario será más visible que ahora y por tanto dará argumentos a favor del dinero público.

Un tercer ejemplo es lo que está consiguiendo Ons Geld, la organización de los Países Bajos a favor de la introducción de dinero seguro. En vez de plantear una reforma ambiciosa, estos activistas han propuesto una más modesta: la creación de un ente público que podría recibir depósitos que estarían respaldados al ciento por ciento por depósitos en el Banco Central Europeo.

De esta forma, con un objetivo limitado, pues dejarían a los bancos seguir ofreciendo su dinero, han conseguido que el debate llegue al Parlamento holandés.

No comparto alguno de los detalles de la propuesta, pero su contribución a abrir el debate sobre el dinero y la banca es quizá la más importante de las que se han producido hasta ahora en Europa.

El futuro del dinero y la banca no será, en el corto plazo, el de la implantación de la reforma expuesta en este libro. Será un futuro inestable caracterizado por el deterioro del sistema actual junto a pequeñas reformas que irán animando el debate y que seguramente acabará en una reforma más ambiciosa, más parecida a la descrita aquí.

UNA REFLEXIÓN SOBRE LIBRA, LA MONEDA DE FACEBOOK

En junio de 2018 Facebook propuso crear una «moneda», libra, para que millones de personas que no tienen una cuenta bancaria pero tienen un móvil pudieran acceder a servicios de pago. Es un ejemplo interesante de ese tipo de movimientos que irán apareciendo en el futuro, que, por una parte, podrían empeorar el sistema actual y que, por tanto, podríamos calificar como «grietas», pero que también tienen la virtud de animar el debate sobre la reforma del dinero y la banca. Y sirve para mostrar cómo la visión del dinero seguro ayuda a juzgar esta iniciativa.

En estos momentos, unos meses después del lanzamiento de esta propuesta, es dudoso que el proyecto Libra consiga salir adelante, pero el debate que ha abierto sobre sus peligros y sobre la regulación que habría que aplicarle es interesante.

Uno de los argumentos utilizados por algunos políticos para mostrar el daño que podría causar el proyecto Libra es que no se debería dejar la creación de dinero en manos de empresas privadas, porque podrían entrar en crisis.

Utilizar este argumento para descalificar Libra frente al dinero actual es un ejemplo de la ignorancia generalizada sobre cómo funciona el sistema monetario vigente, ya que el dinero que utilizamos ahora también lo crean empresas privadas, los bancos. Uno de los efectos positivos de la propuesta de Facebook es que invita a reflexionar sobre las características del sistema actual.

Como hemos explicado a lo largo de este libro, ahora los bancos centrales solo crean el dinero en papel (los billetes), que se usan cada vez menos. La mayoría del dinero es digital, son los euros y los dólares que están anotados en los ordenadores de los bancos. Y estos euros y dólares no los crea el Banco Central Europeo ni la FED, sino los bancos privados.

Ahora, los euros o dólares «depositados» en las entidades privadas tienen el mismo problema de fragilidad que los billetes de los bancos privados en el siglo XIX. Pero esa fragilidad no se nota, porque el Estado protege a los bancos mucho más que en el pasado. Sin la protección del Estado, estaríamos sufriendo continuas quiebras bancarias.

Ya hemos explicado cómo durante un siglo y medio, para evitar que las crisis bancarias colapsaran la economía, los estados han ido poniendo a disposición de los bancos privados una potente batería de protecciones: 1) garantizan los depósitos de los bancos privados; 2) proporcionan a los bancos privados toda la liquidez que necesiten; 3) eximen a los bancos privados de las leyes de defensa de la competencia; 4) no les aplican las leyes generales de quiebra; 5) subsidian a los bancos privados con el señoreaje de los euros que crean cuando conceden los préstamos; 6) inyectan a los bancos privados dinero de los contribuyentes, para salvarlos. Y como todo esto no es suficiente para evitar las crisis, el Estado somete además a los bancos a una excepcional regulación intervencionista.

Si el dinero digital fuera público, como ahora lo son los billetes, y los ciudadanos tuvieran su dinero respaldado por depósitos en los bancos centrales, no se necesitaría esa batería de protecciones e intervenciones del Estado porque el dinero público es seguro, no puede generar crisis bancarias.

Otro problema de esa batería de protecciones es que está llevando a que las nuevas empresas que no las tienen no puedan competir en igualdad con los bancos en otras actividades como, por ejemplo, los servicios de pagos. Si el dinero pasara a ser público no solo ganaríamos en estabilidad, sino que, al no tener que proteger a los bancos porque ya no crearían un dinero frágil, estas actividades se podrían abrir a la competencia sin temor y cualquier entidad podría ofrecerlas a los usuarios en igualdad de condiciones. El dinero sería público y seguro, y además habría más mercado en estas actividades privadas.

Al entender bien cómo funciona el sistema actual no podríamos decir que el problema de Libra es que «deja la creación de dinero en manos privadas». En cambio, nos permitiría decir que su introducción, si no se cambia el sistema actual, aumentaría los riesgos de crisis que tenemos actualmente con el dinero creado por los bancos privados. Libra estaría respaldada por los depósitos frágiles de los bancos privados y no por depósitos en los bancos centrales, con lo cual tendríamos aún más dinero frágil. Por otro lado, Libra reduciría el negocio y los márgenes de los bancos privados, por lo que los beneficios de estos últimos podrían caer y aumentarían los riesgos de crisis bancarias.

¿Cómo se debería reaccionar a la propuesta de Facebook? La visión convencional ante el proyecto Libra se ejemplifica bien por la reacción del presidente Trump, que en un tuit le ha dicho a Facebook que pida una licencia bancaria. Su objetivo sería «igualar» el campo de juego entre los bancos y los nuevos competidores. Pero esta forma de igualar aumentaría los problemas de estabilidad e intervencionismo que ya tenemos con los bancos. Con libra tendríamos una empresa privada más creando dinero, y habría que darle todas las protecciones que les damos ahora a los bancos.

La visión del dinero seguro tendría también como objetivo igualar el campo de juego, pero lo haría quitando las protecciones a todos, incluidos los bancos. Esto no se puede hacer mientras el dinero siga siendo privado, creado por la banca privada, porque esas protecciones disminuyen los riesgos de quiebra de los bancos, pero hoy las tecnologías permiten que todos los ciudadanos tengan un dinero público y seguro, respaldado al ciento por ciento por depósitos en los bancos centrales. El dinero público permitiría separar el dinero de los servicios de pagos, con lo cual no solo ganaríamos en estabilidad, sino que, al haberlo separado de las actividades privadas, surgirían cientos de iniciativas de servicios de pago que podrían aprobarse sin miedo a tener efectos negativos sobre la estabilidad financiera.

Y así, además de no tener ya más crisis causadas por el dinero privado, se podrían facilitar y abaratar los servicios de pagos, que hoy son muy caros e incluso inaccesibles para los más desfavorecidos. Por supuesto, los proveedores tendrían que cumplir con todas las regulaciones de protección de los usuarios, uso de datos privados, blanqueo de dinero, defensa de la competencia y antimonopolios, etcétera, y no tendrían ninguna de las protecciones especiales que el Estado otorga ahora a los bancos.

Y como en todas las reformas estructurales, el cambio a un dinero público además debería dar a los bancos privados el tiempo que necesitaran para adaptarse a prestar los servicios de pagos en competencia con otros proveedores, sin el privilegio de crear dinero y sin ninguna protección especial por parte del Estado.

Cuando este libro salga a la luz seguramente sabremos qué visión se impuso.

APRENDER DEL PASADO: OTRAS REFORMAS ECONÓMICAS Y POLÍTICAS

Es imposible predecir el futuro. Pero hay quien cree que el pasado nos puede ayudar algo a predecirlo. Yo lo creo, pero depende de cómo extraigamos las lecciones del pasado. Si pensamos que el futuro se comportará como una mera proyección del pasado, nos equivocaremos. Hay multitud de variables que no existieron en el pasado y que serán determinantes de lo que pase en el futuro. Sin embargo, es verdad que algunos comportamientos pueden ser similares a los que vimos en el pasado, puesto que también hay muchas cosas, entre otras, cómo reaccionan las personas, que pueden ser parecidas en el futuro.

Se puede aprender mucho de reformas como la separación de poderes, las elecciones periódicas, la obligación de presentar un presupuesto anual o la de otorgar el voto a las mujeres. Todas estas reformas tienen en común haber cambiado comportamientos y pautas seculares o incluso milenarias, cuando, hasta que se propuso su reforma, nadie imaginó que pudieran cambiar instituciones que se consideraban «naturales». Nadie pensó que las cosas pudieran ser distintas de lo que habían sido durante siglos.

También se puede aprender de otras reformas en las que para defender el mejor funcionamiento del mercado hubo que atribuir al sector público, al Estado, algunas funciones que antes estaban en manos privadas. Por ejemplo, la recaudación de impuestos, la policía o el registro de la propiedad. Finalmente creo que es ilustrativo estudiar la experiencia de las reformas que han aumentado la libertad de los agentes económicos, esto es, las que introdujeron mecanismos de mercado en aquellas actividades que antes estaban muy intervenidas por el Estado. Estas reformas son las que en los últimos años se han denominado «reformas estructurales».

De todas las reformas del pasado, la que más se parece a la reforma de dinero digital seguro es la que se produjo en el siglo XIX, cuando se decidió prohibir a los bancos privados que emitieran dinero papel, ya que la reforma actual trata de hacer lo mismo con el dinero digital, con los depósitos. Hoy todos los países prohíben emitir dinero a los bancos privados y el Banco Central es el único que puede imprimir/crear billetes. Pero no fue así en el pasado.

La ley más famosa que introdujo esta reforma fue la que se aprobó en 1844 en Inglaterra, conocida como la Ley Peel. Entonces había un problema de fragilidad de los bancos que emitían billetes y que luego no podían cumplir la promesa de reembolso escrita en ellos. Se tardó bastante tiempo en aprobar esta reforma y en la historia del pensamiento económico es famoso el debate entre los partidarios (la *currency school*) y los detractores (la *banking school*).

Al final ganaron los partidarios de que el dinero en billetes lo emitiera exclusivamente el Banco Central, pero fue una victoria pírrica porque, cuando ganaron, ya empezaba a tener importancia el dinero-anotación, esto es, los depósitos en los bancos anotados en sus libros. Y este dinero quedó fuera de la prohibición. De tal forma que dejó de haber crisis bancarias como consecuencia del dinero papel frágil emitido por los bancos privados, pero se empezó a tener el mismo problema que tenemos hoy, el de la fragilidad del dinero en forma de anotaciones, es decir, de depósitos bancarios.

La única diferencia con la reforma actual es que ahora se trata de sustituir un dinero-anotación frágil por el dinero-anotación seguro creado por los bancos centrales. Ahora hablamos de dinero «digital», ya que en las últimas décadas el dinero-anotación de los bancos privados se ha convertido en un dinero digital, porque ya no es una anotación en los libros, sino un registro en los ordenadores de los bancos privados.

Las similitudes, pues, entre las dos reformas son muchas. En el siglo XIX se trataba de prohibir la emisión de un dinero frágil, el dinero papel, que entonces tenía una gran importancia. Ahora se trata de prohibir lo que representa el 90 por ciento del dinero, que es dinero digital, e intentar que pase de ser frágil a ser seguro.

La lección de esta reforma es clara: el dinero puede ser público y esto aumentaría la estabilidad del sistema. Podremos tener otras crisis, pero no tendremos las causadas por un dinero frágil.

La reforma del dinero seguro y la liberalización de la banca tiene también muchas similitudes con las reformas estructurales que se han realizado en los últimos años en sectores como las telecomunicaciones, el transporte aéreo, las profesiones liberales, etcétera.

Todas estas reformas «estructurales» tienen un rasgo en común con la reforma del dinero seguro: separar las actividades monopolísticas de otras actividades que pueden ser prestadas en competencia. Todas estas reformas tienen en común que, una vez realizada la separación (en inglés se dice *unbundling*), se pueden desregular y liberalizar sin miedo las actividades que pueden ser prestadas en competencia. Asimismo, en el caso de que los ciudadanos no aceptasen el resultado del mercado (en este caso, el destino o el coste de los créditos obtenidos), siempre sería posible introducir una «re-regulación» que incentivase los resultados deseados por la mayoría. Y esta «re-regulación» sería menos costosa, ya que no se produciría el despilfarro de recursos de tener subsidiado y protegido todo un sector económico.

Otro elemento esencial de estas reformas es justamente la importancia de diseñar una adecuada «transición» de un sistema a otro. La experiencia de las reformas estructurales que consisten en liberalización y desregulación nos ha enseñado que se deben hacer con suavidad para que los agentes económicos que han trabajado bajo la protección del Estado (en este caso, los bancos) puedan adaptarse a trabajar con la disciplina del mercado y en plena competencia con otros agentes.

Una transición suave es fundamental no solo para respetar los derechos de los que trabajaban con protección en el viejo sistema (por ejemplo, los taxistas; o en el caso del dinero seguro, los accionistas de los bancos), sino también para que las nuevas actividades liberalizadas, como serían en este caso el crédito a pequeñas y medianas empresas y a familias o los servicios de pago, puedan ser prestadas por nuevos operadores a medida que se van reduciendo los privilegios de los agentes protegidos.

EL FUTURO AL REVÉS: ¿VOLVERÍAMOS ATRÁS?
UNA FICCIÓN

Hemos expuesto en este libro las características de un sistema de dinero seguro comparándolo con el sistema actual. Hemos presentado la visión del dinero seguro sobre cómo funcionaría el mercado de préstamos, el Ente Emisor, la política monetaria, etcétera. Para convencer del interés de la reforma, hemos ido detallando las ventajas de pasar de un sistema de dinero digital frágil a un sistema de dinero digital seguro y hemos hecho unas reflexiones sobre cómo podría ser el futuro.

Pero en este apartado haremos el ejercicio inverso. Vamos a suponer que todos los países tienen ya un sistema de dinero digital seguro y que algunos economistas proponen pasar a un sistema que consideran que es mejor y cuyo elemento esencial sería que la creación de dinero recayera en los bancos privados en vez de en un ente público. Los proponentes de la reforma intentarán convencer a los legisladores para que abandonen su sistema de dinero público y seguro por uno basado en bancos privados que, según ellos, sería el mejor sistema monetario y bancario.

Presentaremos, a modo de relato de ficción, a unos economistas que se reúnen con los parlamentarios de un país donde el dinero es seguro e intentan explicarles los beneficios de abandonar un sistema público de creación de dinero y las ventajas de sustituirlo por un sistema privado. Veremos cómo quienes proponen un sistema de dinero privado les explican a los parlamentarios cómo podría funcionar un sistema monetario en el que el dinero lo crearían los bancos privados, cómo se instrumentaría la política monetaria o los efectos tendría sobre la estabilidad financiera y sobre la eficiencia y la productividad.

De esta forma, se invierte la carga de la prueba. Los partidarios de que la creación del dinero esté en manos privadas y deje de ser una función pública, tendrán que justificar su propuesta de reforma.

Veremos los mismos argumentos que hemos expuesto a lo largo del libro, pero gracias a este cambio de perspectiva, nos daremos cuenta mejor de las diferencias entre los dos sistemas.

Esta forma de presentar las reformas vistas «desde fuera» fue muy común en el siglo XVIII entre los ilustrados que exponían las cuestiones sociales utilizando la visión de extranjeros, e incluso extraterrestres, porque así se conseguía una perspectiva más amplia para juzgar nuestros problemas, que difícilmente vemos cuando los analizamos «desde dentro».

En esta ficción, se transcribe la conversación entre los parlamentarios de un país con dinero digital público y seguro y unos economistas partidarios de lo que ellos llaman «privatizar el dinero», y al final se aporta un documento en el que los parlamentarios resumen las razones por las cuales no sería bueno aceptar la propuesta. Pero antes de transcribir el diálogo y el resumen final, recordemos cómo funcionaría el sistema monetario de dinero digital seguro (CBDC) en ese país imaginario.

Todos los países tienen ya un sistema público de creación de dinero y no se le otorga a ninguna empresa privada el privilegio de crearlo. Las entidades privadas pueden hacer toda clase de contratos de préstamos, de servicios de pagos, de seguros, de derivados, crear fondos de inversión, gestionar patrimonios, etcétera, en condiciones de libre mercado y competencia, pero no pueden crear dinero porque es una facultad que se reserva el Estado.

Todo el dinero, tanto el físico (impreso en papel o metálico) como el digital es emitido por un Ente Emisor, similar al que antes llamábamos Banco Central, que es público pero independiente de los gobiernos. Es autónomo, aunque debe dar cuenta al Parlamento.

La política monetaria se realiza aumentando la cantidad de dinero, lo cual obviamente tiene además efectos sobre el tipo de interés. Cada país tiene su propia política monetaria. Unos tienen el mandato de mantener fija la cantidad de dinero; otros pueden aumentarlo solo en la medida en que aumenta el producto de la economía; algunos establecen un objetivo de inflación y por tanto la cantidad de dinero aumenta en función de la productividad, pero también de la inflación; mientras que otros establecen reglas fijas de crecimiento de la oferta monetaria al estilo de la regla de Taylor, etcétera.

Todos los servicios financieros se prestan en condiciones de libre mercado y competencia, aunque, por supuesto, están sometidos a la regulación de protección de los consumidores y a la de funcionamiento de los mercados y defensa de la competencia. Esto significa que el mercado de préstamos o los servicios no son monopolizados por ningún grupo de entidades privadas como sucede actualmente.

Los gobiernos de muchos países no intervienen en estos mercados y dejan que sea la competencia la que determine el destino de la financiación que se obtiene en el mercado de préstamos. No obstante, hay algunos gobiernos que han implantado diferentes políticas de regulación para incentivar la inversión en determinadas áreas como las energías renovables, infraestructuras, I+D, etcétera.

Hay otros gobiernos que han introducido mecanismos para dificultar que se destine el crédito a la especulación financiera o inmobiliaria. De hecho, el sistema de dinero digital seguro es un sistema neutro políticamente y son los políticos de los distintos países los que deciden intervenir en el mercado para obtener objetivos distintos de los que obtiene el mercado. Es interesante señalar que estas decisiones no las toma el Ente Emisor, que se encarga exclusivamente de la política monetaria, sino que esas políticas las deciden órganos políticos como gobiernos y parlamentos.

El sistema de dinero digital seguro produce el beneficio del señoreaje que surge de la creación de dinero por parte del Ente Emisor. El destino del nuevo dinero creado por este organismo es diverso según cada país, según los gobiernos y los parlamentos. En algunos de ellos esta cantidad se traslada al presupuesto del Estado, y por tanto el Parlamento decide su destino, ya sea financiar gastos, reducir impuestos o la deuda pública. En otros, el Ente Emisor transfiere directamente a las cuentas corrientes de los ciudadanos estas cantidades. También hay países con sistemas mixtos, que establecen la obligación de que al menos la mitad se traslade a reducciones de impuestos o de deuda pública, etcétera.

Ahora suponemos que un conjunto de economistas propone a los parlamentarios de un país cambiar el sistema monetario de tal forma que el Estado deje de ser el que crea el dinero y pase a ser creado por entidades privadas. El sistema que proponen estos economistas lo denominaremos cbDC (siglas de *commercial banks Digital Currency*) frente al que estaría vigente en ese país al que denominamos CBDC o dinero digital seguro.

El diálogo sería como sigue:

PROPONENTES DE LA REFORMA DE PRIVATIZACIÓN DEL DINERO (cbDC): En el sistema que proponemos, la creación de dinero sería una función de los bancos privados. El Estado podría seguir emitiendo dinero-papel (billetes) o moneda metálica, pero no podría emitir dinero digital, ya que la facultad de crear dinero digital se otorgaría a unas entidades privadas a las que llamaríamos «bancos» y se prohibiría a las demás entidades financieras utilizar esta denominación.

Estas entidades dispondrían de una licencia especial (como ahora se hace con los taxis, por ejemplo), que les otorgaría el monopolio de emitir dinero sin que pudiera hacerlo otra empresa o entidad financiera. Esto permitiría que estas entidades privadas pudieran utilizar un dinero que ahora está ocioso en las cuentas corrientes del Banco Central. De esta forma, podría haber más inversión en la economía y por tanto más crecimiento y bienestar para todos.

Además, al poder usar el dinero depositado por los clientes para obtener beneficios, las entidades privadas (los bancos) podrían trasladar una parte de estos beneficios a los ahorradores a base de remunerar con un tipo interés el dinero depositado en sus cuentas corrientes. Esto sería muy favorable para los depositantes, ya que en la situación actual de dinero seguro (CBDC) los ciudadanos no perciben ningún tipo de interés por parte del Ente Emisor. ¡Más inversión productiva y más remuneración al ahorrador! Estas son las enormes ventajas de un sistema privado de creación de dinero frente a un sistema en el que el dinero lo crea el Estado.

PARLAMENTARIOS (CBDC): Han dicho ustedes que el dinero estaría «depositado» en las cuentas corrientes de entidades privadas. Pero, si hemos entendido bien, significa que ese dinero en realidad no se «deposita», sino que lo utilizarían los bancos para prestar a otras personas, y por tanto no sería un «depósito» similar al que actualmente tienen los ciudadanos en el Banco Central. En el sistema que ustedes proponen lo que en realidad hace el ciudadano es «prestar» su dinero al banco privado y este les reconoce una «promesa de pago», que puede cumplirse o no.

PROPONENTES: Es verdad que no sería propiamente un depósito al uso, pero se debería permitir a los bancos que los llamaran «depósitos» porque así se transmitiría una imagen de seguridad a los ciudadanos y sería más fácil que colocasen su dinero en las cuentas corrientes de bancos privados. Si los denomináramos «préstamos» u otra expresión similar, los usuarios podrían pensar que el banco podría tener problemas para devolverles el dinero. La palabra «depósito» transmite una sensación de seguridad, que ayuda a que los prestamistas confíen en que los bancos cumplirán la promesa de devolverles el dinero cuando lo soliciten.

PARLAMENTARIOS: Empezamos mal. Ustedes nos piden que hagamos algo que va en contra de nuestras leyes de protección de los usuarios de productos financieros, que obligan a todas las empresas financieras a que utilicen una denominación de sus productos que no pueda ocultar o confundir la naturaleza de estos. En definitiva, nuestras normas prohíben que las entidades financieras puedan engañar.

Al margen de la denominación que se quiera dar a esos activos financieros, en realidad el dinero que estuviera en las cuentas corrientes de los bancos privados no sería nada seguro, ya que existiría la posibilidad de que las inversiones salieran mal y que los bancos no pudieran devolver el dinero.

Por tanto, aunque dejáramos a los bancos privados llamarles «depósitos», no serían realmente depósitos, y esto no es solo una cuestión nominal sino un problema grave. Este riesgo de perder el dinero, por mucho que se cambien los nombres, sería entendido correctamente por los ahorradores y preferirían mantener sus depósitos en las cuentas corrientes que tienen ahora en el Banco Central que, obviamente, no tiene ningún problema en devolvérselo cuando se lo pidan.

PROPONENTES: Tienen ustedes algo de razón. Es verdad que los ciudadanos podrían preferir tener sus cuentas corrientes en el Banco Central. Incluso aunque los bancos privados remunerasen sus depósitos para hacerlos más atractivos que los depósitos en los bancos centrales, podría suceder que, en momentos de incertidumbre, los ciudadanos trasladasen sus depósitos de los bancos privados a los bancos centrales, con lo cual los bancos privados quebrarían. Por eso, para que este sistema de dinero privado no experimente estos problemas es muy importante que también aprueben ustedes en el Parlamento una ley por la que se prohíba a los ciudadanos tener cuentas corrientes en el Banco Central.

PARLAMENTARIOS: Es muy sorprendente que lo primero que tendríamos que hacer en este Parlamento para que pudiera funcionar su reforma de dinero privado sería prohibir a los ciudadanos que tuviesen cuentas corrientes en el Banco Central. O sea que, para que funcione su sistema de dinero privado, tendríamos que prohibir el uso del dinero público. No sabemos si se dan ustedes cuenta de la barbaridad que significa esa prohibición, porque no solo supone negar a los ciudadanos un derecho, sino también que se le estaría negando al Estado la posibilidad de emitir dinero digital público, algo que ahora hace sin ningún problema en nuestro sistema de dinero seguro.

PROPONENTES: No exactamente. Para que funcionase el sistema de dinero privado bastaría con prohibir a los ciudadanos el uso del dinero público, pero no sería necesario prohibir al Estado producirlo. En primer lugar, el Banco Central podría seguir emitiendo dinero físico, esto es, los billetes, aunque se usen cada vez menos. Además, el Estado podría mantener también algo de dinero digital en forma de depósitos, pero siempre que esos depósitos seguros pudieran ser usados exclusivamente por los bancos privados. Estos podrían tener cuentas corrientes en el Banco Central porque así se ayudaría a los bancos privados a cerrar la liquidación de las transacciones entre ellos.

PARLAMENTARIOS: Parece que no se dan cuenta de que, a medida que describen su nuevo sistema monetario, nos solicitan que aprobemos más leyes con contenidos contrarios a los intereses de los ciudadanos y que ningún político podría convencer de ello a sus electores.

Lo que nos piden ustedes es que este Parlamento apruebe una ley para que los bancos privados tengan el privilegio de tener cuentas corrientes en el Ente

Emisor y que a la vez se prohíba abrirlas al resto de los ciudadanos. Nuestra Constitución democrática no permite un trato desigual a los ciudadanos, y por tanto, aunque aprobáramos en este Parlamento la reforma que ustedes proponen, el Tribunal Constitucional la anularía. Para aprobarla tendríamos que proponer antes una reforma constitucional que permitiera dar un tratamiento desigual a los ciudadanos para el caso concreto del sistema monetario. Y es difícil pensar que este tratamiento desigual entre los bancos y el resto de los ciudadanos se aceptara en un referéndum.

Además, tampoco queda claro que, aunque prohibiéramos colocar el dinero en cuentas corrientes en el Banco Central, los ahorradores se quedarían tranquilos en momentos de desconfianza, y aunque no les dejáramos colocar el dinero en el Banco Central, es posible que convirtieran en billetes los depósitos que tuvieran en cuentas corrientes bancarias. ¿O acaso ustedes quieren también prohibir el efectivo?

Porque, si los billetes siguen siendo emitidos por el Estado, el efectivo continuaría siendo un dinero público, absolutamente seguro y estaría a disposición de todos los ciudadanos. De la noche a la mañana los bancos podrían ver cómo se vacían sus cuentas para convertirse en billetes y por tanto el sistema que ustedes proponen se iría al garete.

PROPONENTES: Eso es verdad, pero este problema también podría resolverse si ustedes accedieran a aprobar en el Parlamento otra legislación adicional que tranquilizaría a los depositantes de los bancos privados y que consistiría en que el Estado asegurara a los ciudadanos la devolución de sus depósitos en los bancos comerciales de tal forma que si el banco privado no pudiera devolver el dinero a los depositantes, el Estado se ocuparía en esos casos de hacerlo.

PARLAMENTARIOS: No tiene sentido que el Estado asegure los depósitos privados por dos razones. En primer lugar, porque en nuestro sistema de dinero seguro todas las actividades financieras se rigen por las reglas del mercado y no tiene ningún sentido que en una economía de mercado el Estado asegure el buen resultado de cualquier operación financiera que se contrate por agentes privados. El Estado no está para asegurar a nadie el riesgo de contratos que libremente han acordado agentes privados.

En segundo lugar, porque no es necesario que el Estado asegure un dinero privado cuando él, como sucede actualmente, proporciona seguridad a los depósitos que tengan los ciudadanos en el Banco Central, sin necesidad de ningún tipo de aseguramiento de empresas privadas. El aseguramiento que ustedes proponen sería muy costoso y solo favorecería a unas entidades privadas.

El dinero actualmente depositado en los bancos centrales es seguro, mientras que la reforma que ustedes proponen nos lleva a un tipo de dinero que no es seguro pero que podríamos llamar dinero «asegurado». No sería un dinero seguro, sería un dinero frágil y precisamente por eso habría que asegurarlo.

No sabemos si se dan cuenta de lo que están proponiendo: convertir un dinero seguro del Estado en un dinero frágil creado por los bancos privados y, como ese dinero es frágil, entonces pedimos al Estado que lo asegure, cuando en el sistema actual el Estado no incurre en ningún coste por facilitar un dinero digital seguro.

No se ve ninguna justificación a lo que ustedes proponen, pero, para entenderlo mejor, vamos a suponer por un momento que les hacemos caso y hacemos todo lo que nos piden: primero, aprobamos una reforma constitucional para poder dar un tratamiento desigual a los bancos privados; segundo, otorgamos el monopolio de la creación de dinero a unas entidades privadas; tercero, prohibimos a los ciudadanos tener cuentas corrientes en el Banco Central; cuarto, impedimos que el Banco Central pueda crear dinero, y quinto, creamos un seguro para esos mal llamados «depósitos» según los cuales, si los bancos privados no pueden hacer frente a sus compromisos, el Estado, con dinero de los contribuyentes, asegure que ese dinero se devolverá en todo caso.

Aun admitiendo que hubiéramos hecho todo esto, en el caso de que los bancos no pudieran devolver el dinero y aunque el Estado pagase a los depositantes su dinero, es evidente que, seguramente, estos bancos tampoco podrían devolver el resto de la financiación y por tanto quebrarían.

Los bancos privados podrían quebrar simplemente por no haber podido hacer líquidas sus inversiones para hacer frente al reembolso de la parte de la financiación que no son depósitos. La pregunta es la siguiente: ¿qué proponen ustedes para evitar que esto suceda, o sea, impedir que estos bancos puedan quebrar simplemente por tener problemas de liquidez?

PROPONENTES: Es verdad que los bancos privados, si quieren tener beneficios, no pueden tener equilibrados los plazos de sus balances por lo que, como ustedes señalan, los problemas de liquidez de estas especiales instituciones financieras podrían ser graves. Pero este problema tiene una solución fácil, que sería que aprobaran otra ley para crear una institución pública (o el propio Banco Central) a la que se le encomendaría la función de facilitar toda la liquidez que necesitasen los bancos mientras fueran solventes.

PARLAMENTARIOS: Pero ¿no se dan cuenta ustedes de que las cantidades de dinero necesarias para dar liquidez a todas las entidades financieras que pudieran necesitarla serían monstruosas?

PROPONENTES: No sería necesario tanto dinero. Esta ayuda de proporcionar toda la liquidez que necesiten estaría limitada exclusivamente a los bancos privados y no se concedería ayudas de liquidez a las demás entidades financieras. Las demás entidades deberían conseguir su liquidez en el mercado y preocuparse de tener liquidez suficiente sin esperar recibir ayuda al Estado.

PARLAMENTARIOS: De nuevo esto nos plantea un problema, porque ustedes piden una vez más que aprobemos una legislación que favorezca exclusivamente a unas entidades (los bancos) y no a todas. De nuevo, no podríamos hacerlo porque nuestra Constitución no estipula otorgar este tipo de privilegios solamente a unas empresas y no a todas, salvo que esté previsto en ella misma. Tendríamos que cambiar la Constitución.

PROPONENTES: Pero ustedes podrían justificar perfectamente esa reforma constitucional con el argumento de que el dinero es algo muy importante, y que sin esta ayuda no funcionaría el nuevo sistema monetario.

PARLAMENTARIOS: Sí, está claro que el dinero es muy importante y por eso ahora lo hemos dejado en manos del Estado, que no necesita montar ningún aparato de ayuda a la liquidez a entidades privadas para que funcione el sistema con un dinero seguro.

Pero sigamos con las dudas que nos plantea su propuesta de que la creación de dinero pase a ser realizada por empresas privadas. Admitamos que ya hemos montado todo este sistema de ayudas que son necesarias para que funcione y que hemos hecho la reforma constitucional para que sea posible aprobarlas sin que nos la tumbe el Tribunal Constitucional. Pero incluso con esos privilegios podría suceder que los bancos no solo tuvieran problemas de liquidez, sino también de solvencia, porque las inversiones no hubieran resultado tal como se planearon. En ese caso los bancos tampoco podrían devolver el dinero, incluso aunque no tuvieran problemas de liquidez. ¿Les dejarían quebrar?

PROPONENTES: No. Solo se podría liquidar algún banco pequeño, porque la quiebra de un banco grande o mediano podría hundir la confianza en el dinero privado. Pero este problema también tiene solución. Se podría resolver fácilmente si ustedes aprobaran una ley por la cual no se aplicaría a los bancos la Ley General de Quiebras, que se aplica a todas las empresas, sino un nuevo sistema de resolución especial que permitiría utilizar el dinero de los contribuyentes, esto es, ayudas públicas, para mantener vivas esas entidades inyectándoles el capital que fuera necesario para que no quebraran.

PARLAMENTARIOS: Pero esas ayudas públicas no se podrían conceder a entidades privadas porque iría contra la legislación de defensa de la competencia.

PROPONENTES: Ustedes podrían aprobar otra ley para eximir la aplicación de las leyes de competencia a los bancos en el caso de que necesitasen ser salvados. O simplemente bastaría con no aplicar la legislación de defensa de la competencia, argumentando que su aplicación causaría un colapso en el sistema privado de creación de dinero.

PARLAMENTARIOS: Eso es imposible. La idea de que la competencia favorece el crecimiento económico y el bienestar está muy asentada en nuestra sociedad. La competencia es un elemento esencial para que funcione el mercado, y para ello es importante que las empresas que se hayan equivocado, que hayan fracasado, desaparezcan. Mantener vivas las empresas «zombies» (en este caso serían los «bancos zombies») consumiría unos recursos que podrían ser utilizados por las empresas que han acertado en servir a los consumidores y usuarios. Evitar las quiebras produciría una mala asignación de los recursos del país, y por tanto un menor bienestar para todos.

PROPONENTES: Es verdad que todo lo que pedimos para introducir un dinero privado va contra la competencia, pero no olvidemos que con el sistema de dinero bancario que proponemos conseguiríamos que hubiera más crédito y por tanto más inversión y más crecimiento.

PARLAMENTARIOS: Hagamos las cuentas. Supongamos que gracias a todos los privilegios y protecciones que ustedes quieren introducir, gracias a todas las prohibiciones e intervencionismos que destrozan el mercado y la competencia, con el sistema que ustedes proponen se conseguiría que el crédito suministrado fuera mayor que el que se proporciona ahora, y por tanto la relación de deuda sobre el PIB sería mayor que en nuestro sistema de dinero seguro.

No es descartable que el volumen de crédito sea mayor que en un sistema de dinero seguro como el nuestro, ya que en este no hay subsidios ni protecciones al endeudamiento. Es posible, porque los subsidios siempre aumentan la producción de lo que se subsidia. Por ejemplo, si subsidiáramos la producción del pan, se produciría más pan, pero los partidarios de subsidiar el pan tendrían que explicar por qué es bueno aumentar la producción de pan. Y por qué es mejor que dejar que la cantidad de pan comprada y vendida se decida por el mercado, por los oferentes y los demandantes con arreglo a lo que ellos quieren y sin ningún subsidio ni intervención del Estado.

Ustedes tendrían que demostrar los beneficios de un sistema que consigue que el endeudamiento de las familias y empresas sea mayor que el nivel de endeudamiento que se consigue sin subsidiar la concesión de crédito. El hecho de que algo sea bueno no significa que sea bueno aumentarlo. Porque el mercado determina el volumen de lo que quiere la gente, y si se produce más al introducir los subsidios, se suelen producir distorsiones y aberraciones.

Por poner un ejemplo real, en un país africano que subsidiaba el pan, el pan era utilizado para alimentar el ganado porque su precio era inferior a lo que costaban los cereales que contenía el pan. Con su propuesta de subsidiar el crédito concedido por los bancos privados tendríamos más crédito, pero seguramente financiaríamos actividades menos productivas y el volumen de crédito destinado a la especulación sería mayor que el que ahora tenemos. Y como el crédito es deuda, tendríamos un mayor endeudamiento en la economía y esto también afectaría de manera negativa al crecimiento económico.

PROPONENTES: Permítannos decirles que su idea de dejar que el mercado determine el volumen de crédito es un error. El mercado no acierta siempre. Las intervenciones gubernamentales pueden mejorar los resultados del mercado. Por ejemplo, puede ser necesario un volumen mayor de inversiones en energías renovables que el que determina el mercado.

PARLAMENTARIOS: Sí, pero eso es distinto. Nosotros estamos de acuerdo en que puede ser razonable corregir los fallos del mercado, pero para eso no hace falta acabar totalmente con el mercado y la competencia. Una cosa es corregir algunos resultados del mercado que no nos gustan por medio de unas intervenciones y regulaciones destinadas a corregir unos problemas concretos, y otra es destrozar por completo el funcionamiento del mercado.

Es más. Con su sistema de dinero privado, en la medida en que requiere un cúmulo de protecciones que destrozan la economía de mercado, sería más difícil corregir esos fallos del mercado. La razón es que habría menos crecimiento, como sucede siempre que se perjudica la asignación eficiente de recursos. Esos sistemas dan como resultado una economía más pobre, con menos recursos porque se han despilfarrado en ese cúmulo de protecciones, privilegios e intervenciones.

Con un sistema de mercado como el que tenemos ahora gracias al dinero público, tenemos más recursos para solucionar problemas concretos y aumentar el crédito a aquellas actividades que necesitan ser subsidiadas. Podríamos incentivar las inversiones en energías renovables y favorecer la financiación a pequeñas y medianas empresas. Pero, por ejemplo, no tenemos por qué favorecer el endeudamiento para especulación inmobiliaria. No lo prohibimos, y los que deseen financiación para especular podrán obtenerla en el mercado. Pero no estará subsidiada por el Estado. No hay un subsidio general a todo tipo de deuda.

La reunión terminó y los parlamentarios redactaron un informe en el que justificaron mantener el sistema vigente de dinero seguro y no cambiar a un sistema en el que la creación de dinero la harían los bancos privados. Este es el informe:

INFORME-RESUMEN por el que se aconseja no sustituir nuestro sistema de dinero digital seguro (CBDC) por un sistema basado en la creación de dinero digital por parte de los bancos comerciales (cbDC).

La valoración de la propuesta que han hecho algunos economistas de cambiar nuestro sistema de dinero digital seguro por un sistema de creación privada de dinero por parte de unas entidades privilegiadas y protegidas por el Estado es absolutamente negativa. Si se produjera ese cambio aparecerían muchos daños y costes que ahora no tenemos, y además el nuevo sistema no proporcionaría ningún beneficio que pudiera compensar esos costes.

A) Daños del sistema cbDC

1. El principal daño es que sufriríamos crisis bancarias. Tendríamos burbujas de crédito, recesiones profundas y recuperaciones largas con aumentos de desempleo prolongados en el tiempo, que destrozarían a generaciones de ciudadanos. Aunque los proponentes del sistema cbDC creen que esto podría evitarse si se aumentara la regulación del Estado y se restringieran mucho las decisiones empresariales de las entidades de depósito, tal regulación adicional reduciría algo la frecuencia y severidad de las crisis, pero no podría garantizar que dejasen de existir las crisis, porque el dinero sería un activo financiero y por tanto sería frágil y propenso a ellas.
2. Otro daño considerable es que una parte importante del sistema financiero (la que desarrollarían las entidades privadas de depósito a las que denominan «bancos») no podría ser liberalizada, y por tanto

perderíamos en eficiencia, innovación y posibilidades de crecimiento de la economía.
3. La política monetaria en el sistema cbDC sería menos eficiente que en el sistema CBDC. Se basa en la esperanza de que los bancos respondan a los movimientos en los tipos oficiales de interés.
4. La política monetaria del cbDC podría crear efectos distributivos negativos si, por ejemplo, se instrumentara a través de compras de activos financieros.
5. No se podría devolver el señoreaje a los ciudadanos. Quedaría en manos de los bancos privados a los que se deja la facultad pública de crear dinero.
6. Los entes emisores tendrían que convertirse en bancos de los bancos privados, por lo que necesitarían tener unos balances monstruosos y adquirirían un poder inmenso.
7. En el sistema de dinero seguro el Estado tiene que actuar responsablemente porque, para su financiación, solo tiene dos posibilidades: aumentar los impuestos a los ciudadanos o endeudarse en los mercados. Sin embargo, en el sistema cbDC el Estado podría confiar en que el Ente Emisor, a través de la política monetaria, le podría comprar sus bonos, con lo que le facilitaría la financiación de sus gastos sin pasar por el Parlamento. Además de aumentar la ineficiencia en la asignación del gasto público, se incurriría en un «déficit democrático», pues desvirtúa uno de los elementos fundamentales del Estado de derecho, esto es, que la obtención de recursos por parte del Estado debe hacerse siempre a través del Parlamento y con su consentimiento.

8. Los proponentes del cbDC tienen una confianza poco fundamentada en las capacidades de la regulación y desprecian la capacidad del mercado de regular las actividades privadas sin necesidad de que el Estado intervenga. El ejemplo más claro es la enorme cantidad de regulaciones que habría que aprobar para tratar de reducir las crisis bancarias.

9. El sistema que proponen de dinero privado sería menos transparente que el que tenemos de dinero público y seguro porque los ciudadanos no sabrían en que se estaría invirtiendo su dinero y por tanto sería más difícil corregir los posibles problemas de los bancos puesto que serían desconocidos hasta que al final explotaran en crisis generalizadas.

B) Beneficios de un sistema de creación de dinero por parte de los bancos privados (cbDC)

El único beneficio que señalan los proponentes del cbDC es que el volumen de crédito proporcionado sería mayor que en el sistema de CBDC. Argumentan que, al haber más crédito, habría más inversión y, por ende, más crecimiento de la economía.

Se puede aceptar que el nuevo sistema proporcionaría más crédito, pero esto no es en absoluto un beneficio porque ese mayor endeudamiento de los agentes económicos podría destinarse a inversiones poco productivas, o inversiones más especulativas que las que se producen ahora y por tanto no ayudarían, sino que despilfarrarían los recursos y perjudicarían el crecimiento de la economía. Si además nos damos cuenta de que para producir ese mayor volumen de crédito es necesario sufrir los costes de mayores crisis bancarias, aumentar los impuestos para financiar los subsidios, introducir ineficiencia en las actividades de préstamos y servicios de pago, etcétera, la valoración global de haber incrementado algo el crédito no puede ser positiva, sino que es rotundamente negativa.

Además, no olvidemos que más crédito significa más deuda, y un mayor endeudamiento no es algo que favorezca el crecimiento de la economía, sino que, como sabemos, el exceso de endeudamiento que causaría un sistema privado de creación de dinero podría tener unos efectos negativos sobre el crecimiento.

Conclusión

Ni siquiera tiene sentido empezar a realizar estudios de la propuesta de abandonar nuestro sistema de dinero digital seguro y pasar a un sistema de creación privada de dinero (cbDC). Ese cambio significaría la aparición de daños y costes muy graves para los ciudadanos sin que se obtenga ningún beneficio claro. El único beneficio que alegan los proponentes de privatizar la creación de dinero es que, en ese sistema, el volumen de endeudamiento de la economía sería mayor que el nivel de deuda que se alcanza ahora dejando que lo fije el mercado. Consideramos que no es un beneficio que familias y empresas se endeuden más de lo que quieran.

Además de no suponer ninguna mejora económica, sino todo lo contrario, esta reforma obligaría a cambiar las leyes de protección de los consumidores, de la defensa de la competencia, la legislación general de quiebra y otras muchas leyes para poder favorecer a unas entidades privadas, así como crear nuevos entes públicos destinados a supervisarlas y protegerlas. Incluso habría que cambiar la Constitución para poder dar un trato especial a unas empresas concretas, distinto del dado al resto de los ciudadanos y a las empresas del país.

ANEXOS

RAZÓN DE LOS ANEXOS

Algunos de los partidarios de reformar el dinero actual son a la vez muy críticos con las decisiones que están tomando los supervisores y banqueros centrales. El primer anexo explica que estas críticas son muchas veces injustas. Mientras no cambiemos el dinero, mientras sigamos teniendo un dinero frágil, numerosas decisiones de proteger a los bancos y de aumentar las regulaciones que serían absurdas en un sistema de dinero seguro pueden ser plenamente adecuadas y, de hecho, si los supervisores o los bancos centrales no las hubieran adoptado, estaríamos aún peor.

El segundo anexo trata del lenguaje, de las palabras. El lenguaje es uno de los instrumentos más fabulosos de nuestra especie y facilita lo que más nos distingue de los demás animales: la cooperación entre los humanos. Normalmente, el lenguaje sirve para pensar. Pero a veces se convierte en un problema para cambiar las cosas porque lo nuevo no tiene palabras en nuestra lengua y los viejos nombres son engañosos, dificultan imaginar lo nuevo. Todas las denominaciones actuales (depósitos, dinero, etcétera) están contaminadas y es difícil entender el nuevo sistema si no nos damos cuenta de los problemas que surgen de utilizar las palabras que usamos para explicar un sistema que todavía no existe.

ANEXO 1. PARA ENTENDER A LOS SUPERVISORES Y LOS BANQUEROS CENTRALES

En las presentaciones de las propuestas de dinero seguro suele surgir este planteamiento: «Se nos ha explicado que es absurdo mantener un sistema que utiliza el dinero de los contribuyentes para salvar los bancos, se ha criticado el disparate de tener que prestar cantidades ingentes de dinero público a empresas privadas, se ha señalado la pérdida de bienestar que producen los subsidios a la banca, etcétera. Sin embargo, durante la crisis, los gobiernos, los supervisores y los bancos centrales se dedicaron a salvar entidades de crédito y otorgaron préstamos millonarios para ayudar a los bancos». ¿No es un error lo que han hecho?

No, no ha sido erróneo lo que se ha hecho. Lo que hicieron los gobiernos, los supervisores y los banqueros centrales durante la crisis fue básicamente correcto. Y esta es una de las ventajas de estudiar cómo funcionaría un sistema de dinero seguro, que nos permite entender mejor cómo funciona el sistema actual. Y mientras no lo cambiemos, aunque se puedan discutir algunos detalles, lo que han hecho y siguen haciendo la mayoría de los supervisores y los banqueros centrales es fundamentalmente correcto.

Es evidente que, si no se hubieran salvado los bancos con inyecciones de capital, los daños causados a los ciudadanos habrían sido mayores, catastróficos. Y lo mismo se puede decir respecto a los préstamos otorgados a los bancos en condiciones muy beneficiosas, porque una actitud más exigente con ellos habría profundizado las recesiones y alargado el tiempo de recuperación de las economías.

Es fácil de entender que es mejor tener un sistema que no desencadene los daños que causa el sistema actual, pero también se debe entender que mientras no lo cambiemos, es obligado asumir algunos costes porque, si no se asumen, los daños pueden ser aún mayores.

Puede ayudar a entenderlo una comparación. Es bueno trabajar para crear un sistema de resolución pacífica de los conflictos entre países. Hay que conseguir que los pueblos no paguen los costes de sufrir una guerra. Pero mientras no se disponga de ese sistema, sería peor, por no entrar en guerra, dejar que un gobierno fascista nos invada y destruya nuestro sistema democrático sin oponernos con nuestros ejércitos. Churchill acertó al declarar la guerra a Hitler. Los sufrimientos del pueblo británico fueron enormes, pero si se hubiera rendido al nazismo habría tenido costes mayores.

Probablemente la mejor idea de los políticos de los últimos tiempos haya sido la visión de la Unión Europea. Estamos resolviendo nuestros problemas pacíficamente. Pero esto no disminuye la valoración de los que frenaron el nazismo declarándoles la guerra. De la misma forma, tener un dinero seguro que evite las crisis bancarias es una gran idea, pero eso no quita que mientras sigamos utilizando un dinero frágil, los gobiernos, los supervisores y los bancos centrales tengan que tomar decisiones muy costosas pero que evitan daños mayores.

Al principio hemos explicado los daños que causan las crisis bancarias. Son gravísimos. Pero esos daños son minúsculos si se comparan con los que se habrían producido si se hubiera dejado quebrar los bancos en cascada. Las crisis que hemos vivido han causado unos daños ingentes a pesar de haber dado a los bancos toda la liquidez necesaria, haber inyectado cifras enormes de capital y concedido todo tipo de ayudas. Pero no debe olvidarse que sin esas actuaciones, que ciertamente no serían necesarias en un sistema de dinero seguro, los daños de haber dejado quebrar los bancos habrían sido monstruosos.

Es demasiado pronto para tirar a la basura la visión «convencional» del dinero y la banca. No sirve para resolver los problemas que tenemos. Su solución de aumentar la protección de los bancos e inundarles de regulaciones intervencionistas es un parche que no acaba con la fragilidad del dinero. Pero mientras se mantenga la creación de dinero por los bancos privados, la visión convencional sirve para evitar males mayores.

ANEXO 2. LOS NOMBRES DEL DINERO Y DE SU REFORMA

La lengua es una facultad fascinante que nos distingue de los demás animales. Normalmente, las palabras nos ayudan a entendernos. Pero a veces las palabras existentes no expresan lo que queremos decir y otras veces nos llevan a la confusión. Y al hablar del dinero y de su reforma, el lector habrá comprobado las dificultades de encontrar nombres que expresen bien lo nuevo y también habrá descubierto lo inadecuado de los nombres que utilizamos para describir lo viejo, el sistema monetario actual.

Para empezar, todavía no hay un nombre único que sirva para referirse a todas las reformas del sistema monetario y bancario que proponen usar un dinero digital público y seguro en vez del dinero digital privado. Yo he utilizado en mi blog (<https://www.fidefundacion.es/dinero/>) la denominación de dinero digital seguro (CBDC) porque la «seguridad» del dinero es la principal característica de este sistema frente a la fragilidad del dinero digital de los bancos privados y porque en inglés se está imponiendo el uso de CBDC, que son las siglas de *central bank digital currency*.

Dado que la mayoría de los analistas está utilizando la denominación CBDC lo más sensato sería que la utilizáramos todos, pero debemos saber que esta denominación tiene también algunos problemas. Para empezar, no transmite la idea más importante: la de la «seguridad» del dinero, la de acabar con la fragilidad del sistema actual. Por otro lado, existen ya unas formas de dinero que son también depósitos en los bancos centrales (CBDC), pero que, por no estar abiertos a todos, no sirven para tener un sistema de dinero seguro. La clave de la reforma es justamente que ese dinero CBDC, que ahora solo pueden utilizar los bancos privados, sea utilizado por todos, y aunque la palabra *currency* puede transmitir la idea de que ese dinero sería universalmente accesible, sería mejor que la denominación de la reforma no fuera solamente «CBDC», sino que se dijera:

«CBDC accesible a todos» o «reservas de bancos centrales para todos»

Otro problema de la denominación CBDC es que conserva la de «bancos centrales» para los entes públicos que emitan el dinero, lo cual no es muy correcto, ya que en un sistema de dinero seguro, los entes públicos dejarán de ser «bancos», pues perderán la función de «bancos de bancos» que tienen ahora. Mantendrán solo las funciones de registro y creación del dinero, por lo que en vez de «dinero digital emitido por los bancos centrales» debería llamarse «dinero digital emitido por entes públicos». En inglés podría llamarse PDC, algo así como *public digital currency*.

Otro nombre que ha sido utilizado para definir esta reforma ha sido el de *sovereign money*, que destaca el carácter público del dinero. Ciertamente, la idea de «público» (*sovereign*) es una característica importante del nuevo sistema monetario, puesto que el creador de dinero pasa a ser un ente público y dejan de serlo entes privados. Esta denominación tiene un problema porque, aunque es verdad que el Ente Emisor es público, al utilizar la expresión «dinero público» o «dinero soberano» podría trasmitirse la idea de que el dinero es público, del Estado, cuando lo que es público es el emisor, pero el dinero es de los ciudadanos. Y esta confusión es la que ha llevado a algunos críticos a describir erróneamente esta reforma como una «nacionalización del dinero», como algo contrario a la economía de mercado.

Es verdad que el dinero seguro lo emitiría un ente público y no entes privados (los bancos) como sucede actualmente. Pero en el nuevo sistema el poder sobre el dinero pasaría a estar en manos de los ciudadanos y no del Ente Emisor del dinero, como sucede en el sistema actual. Serían los ciudadanos quienes decidirían qué hacer con su dinero depositado en los bancos centrales mientras que ahora son los bancos los que deciden qué hacer con el dinero de sus clientes. Además, el dinero seguro permite una liberalización y desregulación de las actividades bancarias hoy fuertemente intervenidas por el Estado. Por ello la denominación *sovereign* puede confundir sobre el carácter más o menos intervencionista de la reforma.

La denominación más antigua de un sistema de dinero seguro fue la de *full reserve banking* (FRB). Esta denominación fue utilizada por los economistas de Chicago que en la década de 1930 propusieron a Roosevelt un plan de dinero seguro. La expresión FRB muestra bien las diferencias con el sistema actual de creación de dinero por los bancos privados al que los economistas denominaban *fractional banking* para mostrar que el dinero actual no está cubierto al ciento por ciento por depósitos en los bancos centrales, sino que solo se mantiene una «fracción» allí y la mayoría del dinero depositado es utilizado por los bancos privados para invertir. El problema de esta denominación es que es poco descriptiva de las características del dinero y está centrada más en describir los problemas del sistema bancario que en las características del nuevo sistema monetario.

También es un problema cómo debemos denominar al sistema actual. Justamente la expresión «sistema actual» es la más utilizada en este libro. Pero da pocas pistas sobre sus características, por lo que otras veces se habla de un sistema de dinero frágil o un sistema basado en la creación de dinero por los bancos privados. Quizá se podría expresar con abreviaturas, utilizando «cbDC» que serían las siglas de *commercial banks Digital Currency*.

Al hablar de las palabras no solo es importante plantear cómo debemos llamar al nuevo sistema, también deberíamos ser conscientes de los problemas que surgen con algunas denominaciones que empleamos habitualmente para hablar del sistema actual. Suelen ser denominaciones que engañan, que sirven para ocultar las deficiencias del sistema de dinero bancario.

Por ejemplo, deberíamos preguntarnos si es correcto seguir llamando «dinero» a los depósitos bancarios. En efecto podríamos, como hemos hecho hasta ahora, diferenciar entre los dos tipos de dinero, hablando de «dinero seguro» para referirnos al emitido por los bancos centrales y de «dinero frágil» cuando se trate del emitido por los bancos privados. Pero de esta forma aceptamos llamar «dinero» a los depósitos de los bancos privados cuando sabemos que una característica fundamental del dinero es que no tenga riesgo, que no varíe de valor nominal; sin embargo, los depósitos bancarios no cumplen con esta característica.

En ese caso, en vez de hablar de dinero seguro y dinero frágil deberíamos abandonar los adjetivos y hablar de «dinero», simplemente al referirnos al dinero emitido por los bancos centrales, y utilizar, por ejemplo, expresiones como «pseudodinero», al referirnos a los depósitos en los bancos privados, porque estos depósitos en realidad no *son* dinero, aunque lo *parezca*.

Otro problema con las palabras que describen el sistema actual es que seguimos llamando «depósitos» al dinero de las cuentas corrientes en los bancos privados, cuando en realidad no lo son. Como hemos visto, no es un dinero guardado y custodiado por los bancos privados, sino que es invertido, colocado con riesgo para obtener un rendimiento para ellos. Por esto son frágiles y justamente lo son porque en realidad no son depósitos. Si fueran depósitos «de verdad» el banco no podría invertirlos, sino que los custodiaría hasta que el depositante pidiera su reembolso.

Lo que llamamos «depósitos» son «promesas de pago» por parte de los bancos. No es un dinero que estos últimos guarden y custodien, sino que lo toman a cambio de una promesa de pago por la que se comprometen a devolverlo cuando se les pida. Por esto algunos de los que proponen la reforma del sistema dicen que hay que dejar de llamar «depósitos» a las cuentas corrientes de los bancos privados, pues son los depósitos de los bancos centrales los únicos que deberían recibir ese nombre, ya que estos últimos no invierten ese dinero y pueden devolverlo en cualquier momento sin necesidad de deshacer ninguna inversión.

Otro problema es cómo llamar a las entidades que crean el dinero en el sistema actual. En el libro hemos utilizado la expresión «bancos privados» para diferenciarlos de los bancos centrales, que son públicos. Pero también se utiliza la denominación de «bancos comerciales» porque algunos bancos, aunque son de propiedad pública, también crean depósitos. Incluso no sería adecuado llamarles «bancos», sino más bien «entidades de crédito», porque algunas entidades tienen otras formas jurídicas, como las cooperativas, que son distintas de los bancos. Si a pesar de su incorrección se utiliza en este libro el término «bancos» es porque así lo entiende mejor todo el mundo, además de ser una denominación breve.

También deberíamos plantearnos si en el nuevo sistema habría que seguir utilizando la denominación de «bancos centrales» o si «Ente Emisor» sería una más adecuada, ya que en el nuevo sistema estos entes públicos no tendrían las facultades de prestar dinero a otras entidades, potestad que hoy día tienen los bancos centrales, sino tan solo tendrían las funciones de registro y política monetaria.

Por mucho que acordáramos aquí cuál es la denominación correcta para definir la reforma, o el dinero, o los depósitos, los bancos privados o los bancos centrales, la lengua no nos haría ni caso, tendríamos que seguir enfrentándonos a su ambigüedad, sus imprecisiones, su confusión. Por ello a lo largo del libro hemos utilizado todo tipo de palabras, nuevas y viejas, pensando exclusivamente en que el lector entienda lo que se quiere decir, por muy incorrectas, ambiguas o confusas que sean.

Finalmente, la literatura sobre el CBDC se ha desarrollado en lengua inglesa y por ello empleamos en el libro algunos términos que no tienen una traducción al castellano satisfactoria y que se han incluido en el «Glosario».

AGRADECIMIENTOS

Mi agradecimiento a todos los que me han enseñado lo que he expuesto en este libro. Sus nombres están mencionados en las referencias. También he aprendido de otros muchos que no están en ese apartado, pero con los que he ido comentando estas ideas. Cito solo a cinco de ellos como representantes de una larga lista: Óscar Fanjul, Rafael Repullo, Álvaro San Martín, José Trujillo, Juan Luis Vega.

Por supuesto que, cuando lean el libro, algunos pensarán que he aprendido muy poco de ellos. Están equivocados, porque siempre aprendes más de los que piensan lo contrario de lo que tú piensas.

Muchas de estas ideas las discutimos en un seminario que nos reunió en la Universidad Carlos III gracias a Tomás de la Quadra al que asistieron José Antonio Alepuz, Patricia Gabeiras, Galo Nuño, David Muñoz, Carmen Pérez y Fernando Zunzunegui.

También quiero dar las gracias a los que leyeron el primer manuscrito y me hicieron valiosos comentarios: Xavi Torres, Carlos Alonso Zaldívar, Carlos Ocaña, Javier Ariztegui, José Antonio Alepuz, Carmen Gutiérrez del Castillo y tres «Alberdis»: Javier, Isabel e Inés.

Gracias especiales a Carlos Arenillas. Mantengo con él bastantes discrepancias, pero nuestras discusiones me han empujado a escribir este libro y, lo que me importa más, han reforzado una buena amistad.

Y gracias a mi editor, Miguel Aguilar, porque sabe convertir en algo muy grato la edición de un libro.

GLOSARIO

apalancamiento o *leverage*: se dice que una empresa, un sector o una economía están «apalancadas» cuando el porcentaje de deuda sobre el capital, los ingresos o el PIB es muy alto. Se usa como sinónimo de endeudamiento excesivo.

bail out y *bail in*: la expresión *bail out* se ha venido utilizando desde hace mucho tiempo para referirse al salvamento de los bancos con dinero del contribuyente. Después de la Gran Crisis se empezó a utilizar la expresión *bail in* para denominar los sistemas de resolución diseñados para intentar que sean los acreedores de los bancos los que aporten su dinero cuando estos no puedan atender sus compromisos, en lugar de utilizar el dinero de los contribuyentes. Es un objetivo muy loable pero todavía no se tienen pruebas de que vaya a funcionar.

Basilea III: conjunto de medidas acordadas internacionalmente que el Comité de Supervisión Bancaria de Basilea ha desarrollado en respuesta a la crisis financiera de 2007-2009. El objetivo de dichas medidas es reforzar la regulación, la supervisión y la gestión del riesgo de los bancos (BIS).

blockchain o cadena de bloques: tecnología para llegar a acuerdos entre los usuarios de una forma descentralizada sin un intermediario que intervenga en ellos. El bitcoin es una de las criptomonedas que usa esta tecnología.

Comité de Basilea: el Comité de Supervisión Bancaria de Basilea (BCBS, por sus siglas en inglés) es el organismo encargado de la regulación prudencial de los bancos a nivel mundial, en particular de su solvencia. Los estándares de regulación bancaria que acuerda el Comité no son legalmente vinculantes, pero su implantación se basa en el compromiso de sus miembros para adoptarlos. De este modo, el Comité promueve la igualdad de condiciones para todos los competidores bancarios a nivel internacional. Asimismo, el Comité constituye el principal foro internacional de cooperación en materia de supervisión bancaria.

disruptivo o *disruptive*: rompedor, revolucionario.

esquema Ponzi: es un tipo fraude a los inversores. En lugar de retribuirles de acuerdo a los rendimientos de la inversión se usan los fondos de los últimos inversores. La operación acaba siendo insostenible, pero los inversores, que normalmente perciben una retribución muy atractiva, tardan mucho tiempo en darse cuenta. Se denomina Ponzi por el nombre del gestor que utilizó este esquema en los años veinte del pasado siglo.

expansión cuantitativa o *quantitative easing* (QE): política monetaria utilizada después de la última crisis que consiste, por ejemplo, en aumentar las compras de activos financieros por parte de los bancos centrales. Se dice que es una política «no convencional» porque se diferencia de la política monetaria tradicional centrada en controlar los tipos oficiales de interés.

Financial Stability Board (FSB) o Consejo de Estabilidad Financiera: promueve la estabilidad financiera internacional; lo hace mediante la coordinación de las autoridades financieras nacionales y los organismos internacionales con el objetivo de mejorar las políticas regulatorias, las de supervisión y otras políticas del sector financiero. Fomenta la igualdad de condiciones al impulsar la implementación coherente de estas políticas en todos los sectores y jurisdicciones.

full reserve banking: sistema monetario y bancario de dinero seguro ideado en los años treinta por economistas de Chicago. La idea es que todos los depósitos en entidades privadas estén respaldados al ciento por ciento (*full*) por los depósitos (las reservas) en el Banco Central.

hedge funds o fondos de cobertura, fondos de inversión alternativa, fondos de inversión libre o fondos de alto riesgo: son vehículos de inversión colectiva no disponibles al público en general, dado que requieren importes mínimos de inversión muy elevados.

IMMR: siglas del International Movement for Monetary Reform o Movimiento Internacional para la Reforma Monetaria.

Internal Revenue Service: agencia de Estados Unidos similar a la Agencia Tributaria española.

leverage ratio o coeficiente del apalancamiento o endeudamiento de los bancos: en la Unión Europea se exige que el capital sea al menos del 3 por ciento del total de activos y en Estados Unidos se exige un 5 por ciento.

Monetative: asociación alemana que promueve la introducción de dinero seguro.

peer to peer o red de pares: plataformas creadas en internet donde las transacciones se hacen directamente entre comprador y vendedor, entre empresa y usuario. La plataforma es un instrumento para facilitar esas relaciones. Por ejemplo, Booking o Uber. Un ejemplo de plataforma de préstamos es Lending Club.

Positive Money: organización inglesa a favor de un dinero público y seguro al que denominaban *sovereign money*.

PSD2: directiva de servicios de pagos de la Unión Europea cuyo objetivo es aumentar la competencia y la participación en la industria de pagos de entidades no bancarias, además de proporcionar igualdad de condiciones al armonizar la protección del consumidor con los derechos y las obligaciones de los proveedores y usuarios de pagos.

señoreaje o *Seigniorage*: es la diferencia entre el valor nominal del dinero y el coste de producirlo. Se suele utilizar también para referirse a los beneficios económicos de quien tiene el privilegio de emitir o crear dinero.

shadow banking o banca en la sombra: instituciones, muy variadas, que no toman depósitos pero que están muy relacionadas con los bancos y cuyas actividades pueden acabar produciendo crisis bancarias.

Subprime: expresión habitual para referirse a las hipotecas de baja calidad concedidas antes de la crisis en Estados Unidos.

zombies: se dice de los bancos que sobreviven artificialmente gracias a las ayudas del Estado.

REFERENCIAS Y BIBLIOGRAFÍA

Las ideas comentadas en este libro están expuestas en muchos textos. En la bibliografía he incluido aquellos que considero más relevantes. Los títulos suelen ser suficientemente explicativos, pero comentaré algunas referencias para guiar a los más profanos en esta materia.

Descubrí estas ideas leyendo al profesor Joseph Huber; a Ben Dyson, que escribió en Positive Money y hoy trabaja en el Banco de Inglaterra; a Michael Kumhof, que escribió en el FMI un artículo esencial, «Chicago Plan Revisited», y que ahora trabaja en el Banco de Inglaterra; al extraño Ralph Musgrave, a Werner, a Kotlikoff, a Martin Wolf, Morgan Ricks y otros textos anónimos publicados por las organizaciones miembros del IMMR como, por ejemplo, Vollgeld, que consiguió que se celebrara un referéndum en Suiza.

Mención especial merecen los documentos de investigación del Banco de Inglaterra firmados por M. McLeay, A. Radia, R. Thomas o M. Kumhof, que supusieron una revolución en las ideas al mostrar la importancia de los bancos privados en la creación de dinero.

Además, han ayudado al desarrollo de estas ideas otros estudiosos que, sin proponer la solución del dinero seguro, han explicado muy bien los problemas del dinero del sistema vigente. Anat Admati, Neel Kashkari, Mervyn King, Adair Turner, C. Calomiris, Jonathan McMillan o John Cochrane han publicado textos muy interesantes sobre los problemas actuales del dinero y la banca.

Como siempre, los clásicos a veces nos iluminan mejor que los coetáneos. Leer a Irving Fisher, Milton Friedman o Von Mises es muy gratificante. Y entre los raros españoles que se han interesado por los problemas de la banca fraccionaria es obligado citar a Jesús Huerta de Soto que en su libro referenciado da cuenta de la evolución de las ideas críticas desde los españoles del siglo XVII hasta la Escuela de Chicago pasando por David Ricardo.

La bibliografía incluye documentos puramente técnicos pero indispensables para entender los problemas del dinero y la banca. Y, desde luego, incluye numerosos documentos contrarios a la idea de utilizar el dinero seguro (CBDC) como sustituto del dinero basado en depósitos en bancos privados.

ADMATI, A. (2017), «It takes a village to maintain a dangerous financial system», en *Just Financial Markets? Finance in a Just Society*, Oxford University Press.

— y M. HELLWIG (2013), *The Bankers' New Clothes. What's Wrong with Banking and What to do About It*, Princeton University Press.

ADRIAN, T. (mayo, 2019), «Stablecoins, Central Bank Digital Currencies and Cross-Border Payments: A New Look at the International Monetary System», *IMF Blog*.

— y T. MANCINI-GRIFFOLI (septiembre, 2019), «From Stablecoins to Central Bank Digital Currencies», *IMF Blog*.

— y T. MANCINI-GRIFFOLI (2019), *The rise of digital money*, Washington, Fondo Monetario Internacional.

ANDOLFATTO, D. (junio, 2015), *Fedcoin and the Implications of Cryptocurrencies Issued by Central Banks*, disponible en <www.youtube.com/watch?v=LK6qWjtG5A8>.

ARENILLAS, C. (mayo, 2018), «Vollgeld. Un referéndum sobre el dinero en Suiza», *Consejeros. La revista del buen gobierno y la responsabilidad social*.

BACCHETTA, P. (enero, 2018), «The sovereign money initiative in Switzerland: an economic assessment», *Swiss Journal of Economics and Statistics*.

Banco de Inglaterra (marzo, 2014), *Money creation*, disponible en <www.youtube.com/watch?v=CvRAqR2pAgw>.

— (junio, 2019), *New economy, new finance, new Bank. The Bank of England's response to the van Steenis review on the Future of Finance*.

— (s.f.), *CBDC Research Questions*.

Basel Committee on Banking Supervision (noviembre, 2019), «Report on open banking and application programming interfaces (APIs)», Bank for International Settlements.

BECH, M., y R. GARRATT (septiembre, 2017), «Central bank cryptocurrencies», *BIS Quarterly Review*.

BERNANKE, B. (septiembre, 2018), «The Real Effects of Disrupted Credit», *Brooking Papers on Economic activity*.

BOONSTRA, W. (septiembre, 2019), «Central Bank Digital Currency: Institutional issues», *SUERF. The European Money and Finance Forum*.

BORDO, M., y A. LEVIN (agosto, 2017), «Central Bank Digital Currency and the Future of Monetary Policy», *The National Bureau of Economic Research*.

BRUNNERMEIER, M., y D. NIEPELT (enero, 2019), «On the Equivalence of Private and Public Money», *Journal of Monetary Economics* 106.

—, H. JAMES y J.-P. LANDAU (agosto, 2019), «The digitalization of money», *The National Bureau of Economic Research*.

Bundesbank (abril, 2017), «The role of banks, non-banks and the central bank in the money creation process», *Deutsche Bundesbank Monthly Report*.

CARNEY, M. (agosto, 2019), «The Growing Challenges for Monetary Policy in the Current International Monetary and Financial System», Jackson Hole Symposium.

COCHRANE, J. (abril, 2014), «Toward a run-free financial system», *Social Science Research Network*.

CONSTÂNCIO, V. (2016), «Challenges for the European banking industry», *European Banking Industry: what's next?* (ciclo de conferencias), Universidad de Navarra.

— (noviembre, 2017), «The future of finance and the outlook for regulation», BIS speeches.

CUKIERMAN, A. (mayo, 2019), «Welfare and political economy aspects of a CBDC», Centre for Economic Policy Research.

DALY, H. (febrero, 2013), «Nationalize money, no banks», Center for the Advancement of Steady State Economy.

DAWNAY, E. (2018), *Sovereign Money Initiative. The background to the National Referendum on Sovereign Money in Switzerland*, Vollgeld-Initiative, disponible en <www.vollgeld-initiative.ch/fa/img/English/2017_05_02_Referendum_on_Sovereign_Money_in_Switzerland.pdf>.

DELL'ARICCIA, G., M. S. MARTINEZ PERIA, D. IGAN, E. ADDO AWADZI, M. DOBLER y D. SANDRI (febrero, 2018), «Trade-offs in Bank Resolution», Fondo Monetario Internacional.

DOWD, K. (julio, 2017), «How Onerous are Basel III's Constraints on Bank Leverage?», Adam Smith Institute, disponible en <https://www.adamsmith.org/blog/how-onerous-are-basel-iiis-constraints-on-bank-leverage>.

DYSON, B., T. GREENHAM, J. RYAN-COLLINS y R. WERNER (s.f.), *Towards a Twenty-First Century Banking and Monetary System. Submission to the Independent Commission on Banking*, Positive Money, NEF, University of Southampton.

ELLIOTT, D. J. (febrero, 2013), «Higher Bank Capital Requirements Would Come at a Price», *Brookings*.

ENGERT, W., y B. S. C. FUNG (noviembre, 2017), «Central Bank Digital Currency: Motivations and Implications», Bank of Canada.

FERNANDEZ ORDÓÑEZ, M. A. (septiembre, 2018), «La reforma estructural del sector bancario», *El País*, disponible en <https://elpais.com/elpais/2018/09/28/opinion/1538136728_750146.html>.

— (abril, 2018), «Un dinero revolucionario», *El País*, disponible en <elpais.com/elpais/2018/04/11/opinion/1523444783_459700.html>.

— (octubre, 2019), «Las tribulaciones de los bancos centrales», *El País*, disponible en <https://elpais.com/elpais/2019/10/01/opinion/1569945515_013339.html>.

— (s.f.), Dinero digital seguro (CBDC), blog de la Fundación para la Investigación sobre el Derecho y la Empresa, disponible en <www.fidefundacion.es/dinero/>.

— (s.f.), «El futuro de la banca: dinero seguro y desregulación del sistema financiero», Fundación Ramón Areces, disponible en <www.fundacionareces.es/recursos/doc/portal/2018/08/09/el-futuro-de-la-banca.pdf>.

FISHER, I. E., P. H. DOUGLAS, E. J. HAMILTON, W. I. KING, F. D. GRAHAM y C. R. WHITTLESEY (julio, 1939), «A program for monetary reform».

FISHER, P. (2019), «What is money and who says so?», SUERF.

FRIEDMAN, M. (1965), «A program for monetary stability», en M. D. Ketchum y L. Kendall (eds.), *Readings in Financial Institutions*, Boston, Boughton Mifflin.

Financial Stability Board (febrero, 2019), «Fintech and market infrastructure in financial services».

Fondo Monetario Internacional (junio, 2019), «Fintech: The Experience So Far».

FULLER, E. W. (junio, 2019), «Mises on 100-Percent Reserve Banking», *Mises Wire*, disponible en <https://mises.org/wire/mises-100-percent-reserve-banking>.

G7 Working Group on Stablecoins (octubre, 2019), «Investigating the impact of global stablecoins», Bank for International Settlements.

GNAN, E., y D. MASCIANDARO (febrero, 2018), «Do We Need Central Bank Digital Currency?», *SUERF, the European Money and Finance Forum*.

GOMEZ, C. (octubre, 2017), «M. Bacchetta, the Swiss Banking Association and the Economic science: An ill-assorted Love triangle».

GOODHART, C. (2015), «A comment on Patrizio Laina historical survey», *Economic Thought*, vol. 4, núm. 2.

HALDANE, A. (2010), «The $100 billion question», *BIS Review*, vol. 40.

HAYEK, F. (1990), *Denationalisation of Money*, s.l., s.e. [trad. cast.: *La desnacionalización del dinero*, Barcelona, Folio, 1996].

HERNÁNDEZ DE COS, P. (noviembre, 2019), «Financial technology: the 150-year revolution. Speech», Bank for International Settlements.

HOCKETT, R. C., y S. T. OMAROVA (2017), «The Finance Franchise», *Corner Law Review*.

HUBER, J. A. (2017), *Sovereign Money. Beyond Reserve Banking*, Basingstoke, Palgrave Macmillan.

— y J. ROBERTSON (2000), *Creating new money. A monetary reform for information age*, Londres, New Economics Foundation.

HUERTA DE SOTO, J. (2016), *Dinero, crédito bancario y ciclos económicos*, Madrid, Unión Editorial.

JAKAB, Z., y M. KUMHOF (junio, 2015), «Banks are not intermediaries of loanable funds and why this matters», *VOX Centre for Economic Policy Research*.

JENKINS, R. (noviembre, 2016), «Capital, accountability and courage», Financial Stability Conference.

KEEN, S. (noviembre, 2012), «The IMF gets radical?», *The Australian*, disponible en <www.theaustralian.com.au/business/business-spectator/news-story/the-imf-gets-radical/0d087d6ae933773463ce5ebcc957b77c>.

KOKKOLA, T. (ed.) (2010), *The Payment System. Payments, Securities and Derivatives, and the Role of the Eurosystem*, Banco Central Europeo.

KOTLIKOFF, L. A. (enero, 2009), «Putting an end to financial crises», *Financial Times*.

KUMHOF, M., y J. BARRDEAR (julio, 2016), «The macroeconomics of Central Bank issued digital currencies», Banco de Inglaterra.

— y J. BENES (agosto, 2012), «Chicago Plan revisited», Fondo Monetario Internacional.

LAINÁ, P. (2015), «A historical survey from David Ricardo to Martin Wolf», *Economic Thought*, vol. 4, núm. 2.

— (2018), *Full-Reserve banking. Separating Money Creation from Bank Lending*, Helsinki, University of Helsinki.

MANCINI GRIFFOLI, T, M. S. MARTINEZ PERIA, I. AGUR, A. ARI, J. KIFF, A. POPESCU y C. ROCHON (noviembre, 2018), «Casting light on Central Bank Digital Currencies», Fondo Monetario Internacional.

MCKINSEY (2017), «Global Banking Annual Review».

MCLEAY, M. (2014), «Money creation in the modern economy», *Bank of England Quarterly Bulletin*.

MONNETA (s.f.), «Monetative», disponible en <monneta.org/en/monetative/>.

MUSGRAVE, R. (mayo, 2017), «Bundesbank criticises 100% reserve banking», *Ralphonomics Blog*.

— (octubre, 2017), «Most Money is Counterfeit», *Medium*, disponible en <https://medium.com/@ralph_47183/most-money-is-counterfeit-725c1f7f98c6>.

— (2017), «Privately issued money reduces GDP», *MPRA*.

NUÑO, G. (julio, 2018), «Implicaciones de política monetaria de la emisión de dinero digital por parte de los bancos centrales», *Boletín Económico del Banco de España*.

Oesterreichische Nationalbank (ed.) (2017), *The Financial System of the Future: 44th Economics Conference 2017 of the OeNB in cooperation with SUERF*.

PositiveMoney (diciembre, 2016), «Sovereign money. An introduction», *Positive Money*, disponible en: <http://positivemoney.org/2016/12/sovereign-money-an-introduction/>. [Trad. cast.: Llanos, J. (trad.), «Creando un sistema de dinero Soberano», *Dinero Positivo*, disponible en: <https://dineropositivo.es/creando-un-sistema-monetario-soberano/>.]

— (s.f.), «How banks create and destroy money», disponible en <https://positivemoney.org/how-money-%20works/how-banks-%20create-money/>.

PRESCOTT, E. W. (junio, 2016), «Monetary policy with 100 Percent Reserve Banking. An exploration», Minneapolis Fed Research.

RASKIN, M., y D. YERMACK (2016), «Digital currencies, Decentralized Ledgers, and the Future Of Central Banking», National Bureau of Economic Research.

RICKS, M., J. CRAWFORD y L. MENAND (junio, 2018), «A Public Option for Bank Accounts (or Central Banking for All)», *Vanderbilt Research Law Paper*.

RYSMAN, M., y S. SCHUH (junio, 2016), «New innovations in payments», National Bureau of Economic Research.

SANDBU, M. (junio, 2018), «Switzerland's Sovereign Money puzzles», *Financial Times*.

SCORER, S. (septiembre, 2017), «Beyond blockchain: what are the technology requirements for a Central Bank Digital Currency?», *Bank Underground*, disponible en <bankunderground.co.uk/2017/09/13/beyond-blockchain-what-are-the-technology-requirements-for-a-central-bank-digital-currency/#more-3340>.

STEENIS, H. V. (junio, 2019), «The future of finance report», Banco de Inglaterra.

The Economist (mayo, 2018), «Central banks should consider offering accounts to everyone», *The Economist*, disponible en: <www.economist.com/finance-and-economics/2018/05/26/central-banks-should-consider-offering-accounts-to-everyone>.

TOLLE, M. (julio, 2016), «Central Bank Digital Currency: the end of monetary policy as we know It?», *Bank Underground*, disponible en <bankunderground.co.uk/2016/07/25/central-bank-digital-currency-the-end-of-monetary-policy-as-we-know-it/>.

TUCKER, P. (junio, 2019), «Is the financial system sufficiently resilient: a research program and policy agenda», Bank for International Settlements.

TURNER, A. (febrero, 2013), *Debt, money and Mephistopheles: How Do We Get Out of this Mess?*, Londres, Cass Business School.

VAN LERVEN, F., G. HODGSON y B. DYSON (julio, 2015), *Would there be enough credit in a sovereign money system?*, Londres, PositiveMoney, disponible en <https://positivemoney.org/press-releases/would-there-be-enough-credit-in-a-sovereign-money-system/>.

WEBER, B. (julio, 2019), «Libra: A new competitor among international currencies?», *SUERF Policy Note* 85.

WERNER, R. (septiembre, 2014), «Can banks individualy create money out of nothing?» *International Review of Financial Analysis* 36.

WOLF, M. (septiembre, 2009), «Why narrow banking alone is not the answer to finance solution», *Financial Times*.

— (2014), *The Shifts and the Shocks*, Penguin Books.

ZEDDIES, L. (2019), «Concrete design proposals for the monetary authority in a sovereign money system».

ZU GUTTENBERG, K.-T., y R. A. WERNER (agosto, 2014), «How money is made», *Project Syndicate*, disponible en <https://www.project-syndicate.org/commentary/karl-theodor-zu-guttenberg-and-richard-a--werner-propose-a-strategy-to-boost-lending-for-investments-that-contribute-to-gdp?barrier=accesspaylog>.

Descubre tu próxima lectura

Si quieres formar parte de nuestra comunidad,
regístrate en **libros.megustaleer.club**
y recibirás recomendaciones personalizadas

Penguin
Random House
Grupo Editorial

megustaleer